WISSEN FÜR DIE PRAXIS

Weiterführend empfehlen wir:

Wegweiser Pflegefall
Schnelle Hilfe für Angehörige
ISBN 978-3-8029-4167-2

Schwerbehindertenausweis erfolgreich beantragen
ISBN 978-3-8029-4146-7

Das richtige Hilfsmittel für mich
ISBN 978-3-96186-7589-9

Weitere Titel unter: www.WALHALLA.de

Wir freuen uns über Ihr Interesse an diesem Buch. Gerne stellen wir Ihnen zusätzliche Informationen zu diesem Programmsegment zur Verfügung.
Bitte sprechen Sie uns an:
E-Mail: WALHALLA@WALHALLA.de
http://www.WALHALLA.de
Walhalla Fachverlag · Haus an der Eisernen Brücke · 93042 Regensburg
Telefon 0941 5684-0 · Telefax 0941 5684-111

WALHALLA

Ralf Hauner

Rechte und soziale Absicherung pflegender Angehöriger

Ansprüche und Leistungen kennen und durchsetzen

3., aktualisierte Auflage
WALHALLA Rechtshilfen

Bibliografische Information der Deutschen Nationalbibliothek
Die Deutsche Nationalbibliothek verzeichnet diese Publikation in der Deutschen Nationalbibliografie; detaillierte bibliografische Daten sind im Internet über www.dnb.de abrufbar.

Zitiervorschlag:
Ralf Hauner, Rechte und soziale Absicherung pflegender Angehöriger – Ansprüche und Leistungen kennen und durchsetzen
Walhalla Fachverlag, Regensburg 2024

Hinweis: Unsere Werke sind stets bemüht, Sie nach bestem Wissen zu informieren. Alle Angaben in diesem Buch sind sorgfältig zusammengetragen und geprüft. Durch Neuerungen in der Gesetzgebung, Rechtsprechung sowie durch den Zeitablauf ergeben sich zwangsläufig Änderungen. Bitte haben Sie deshalb Verständnis dafür, dass wir für die Vollständigkeit und Richtigkeit des Inhalts keine Haftung übernehmen.
Mai 2025

3., aktualisierte Auflage

Produktion: Walhalla Fachverlag, 93042 Regensburg
Printed in Germany
ISBN 978-3-8029-4187-0

Inhaltsverzeichnis

Ansprüche von Pflegepersonen

Die Gründung der Pflegeversicherung im Jahr 1995 erfolgte mit dem Ziel, das Risiko der Pflegebedürftigkeit abzusichern. Von Anfang an beinhaltete die Pflegeversicherung allerdings auch Schutzvorschriften für die Personen, die Pflegebedürftige ehrenamtlich pflegen, also die Pflegenden.

Die hohe Bedeutung der Pflegenden in Deutschland wird daran deutlich, dass von ca. 5,7 Millionen pflegebedürftigen Menschen im Sinne der Pflegeversicherung rund 80 Prozent in häuslicher Umgebung gepflegt werden und davon der überwiegende Teil von ihren Angehörigen.

Die Pflege von Menschen ist harte Arbeit. Eine entsprechende Vergütung gibt es für Familienangehörige und andere ehrenamtlich tätige Personen, wie z. B. Nachbarn oder Freunde, nicht oder nur in sehr geringem Maße. Deshalb ist es sachgerecht, dass der Gesetzgeber wenigstens für Versicherungsansprüche im Rahmen der Sozialversicherung sorgt.

Daneben gibt es zwei Ergänzungsgesetze, nämlich das Pflegezeitgesetz und das Familienpflegezeitgesetz. Durch das Vierte Bürokratieentlastungsgesetz wurden hierzu Vereinfachungen beschlossen. Sozialversicherungsrechtlich erfolgen in verschiedenen Bereichen Absicherungen für Pflegende. Hierbei handelt es sich um die Bereiche Renten-, Arbeitslosen- und Unfallversicherung.

Die Pflege ist und bleibt eine gesamtgesellschaftliche Aufgabe. Die soziale Pflegeversicherung ist eine wichtige Säule bei der Schaffung bedarfsgerechter Angebote. Sie stellt als Teilleistungssystem eine Absicherung in Form von unterstützenden Hilfeleistungen zur Verfügung, die Eigenleistungen der Versicherten jedoch nicht unentbehrlich machen. Die Weiterentwicklung der Pflegeversicherung ist eine der Hauptaufgaben der Regierung.

Am 01.07.2023 ist das Pflegeunterstützungs- und -entlastungsgesetz (PUEG) in Kraft getreten. Wesentliche Inhalte des Gesetzes sind die Staffelung der Beitragssätze zur Pflegeversicherung je nach Kinderzahl und dynamische Leistungsverbesserungen (Bekanntmachung durch das Bundesministerium für Gesundheit am 14.11.2024) im Bereich der häuslichen und stationären Pflege und die Einführung neuer Leistungstatbestände ab dem 01.01.2024.

Diese Rechtsänderungen wurden neu in das Buch integriert und ausführlich dargestellt.

Dabei gilt es, die Situation der Pflegebedürftigen und ihrer Angehörigen zu verbessern, sie vor wirtschaftlicher Überforderung zu schützen sowie die Beitragssatzstabilität abzusichern.

Aufgrund der Vielzahl von Ansprüchen von Pflegepersonen ist es für den Einzelnen schwierig, seine Ansprüche zu kennen und durchzusetzen. Dabei will dieses Buch Hilfestellung bieten. Es erläutert alle Leistungsansprüche pflegender Personen gegen die Pflegeversicherung, aber auch gegen die anderen Sozialversicherungsträger.

Rechte und Ansprüche von Pflegepersonen werden im Einzelnen in den folgenden Kapiteln behandelt. Dazu zählen u. a.:

- Aufklärung, Pflegeberatung und Auskunft
- Pflegezeit
- kurzzeitige Arbeitsverhinderung und Pflegeunterstützungsgeld
- Familienpflegezeitgesetz
- Verhinderungs- und Kurzzeitpflege
- Entlastungsbeträge
- Leistungen der gesetzlichen Unfall-, Renten- und Arbeitslosenversicherung

München, im April 2025
Ralf Hauner

Abkürzungen

Abs.	Absatz
AltPflG	Altenpflegegesetz
Art.	Artikel
BAFzA	Bundesamt für Familie und zivilgesellschaftliche Aufgaben
BBG	Beitragsbemessungsgrenze
BBiG	Berufsbildungsgesetz
BGB	Bürgerliches Gesetzbuch
BSG	Bundessozialgericht
BVG	Bundesversorgungsgesetz
DVMPG	Digitale-Versorgung-und-Pflege-Modernisierungs-Gesetz
FPfZG	Familienpflegezeitgesetz
GKV	Gesetzliche Krankenversicherung
GVWG	Gesundheitsversorgungsweiterentwicklungsgesetz
HebG	Hebammengesetz
i. S. d.	im Sinne des/der
KrPflG	Krankenpflegegesetz
MD	Medizinischer Dienst
PflegeZG	Pflegezeitgesetz
PUEG	Pflegeunterstützungs- und -entlastungsgesetz
RV	Rentenversicherung
SGB	Sozialgesetzbuch
SGB I	Sozialgesetzbuch – Erstes Buch (Allgemeiner Teil)
SGB II	Sozialgesetzbuch – Zweites Buch (Grundsicherung für Arbeitsuchende)
SGB III	Sozialgesetzbuch – Drittes Buch (Arbeitsförderung)
SGB IV	Sozialgesetzbuch – Viertes Buch (Gemeinsame Vorschriften für die Sozialversicherung)
SGB V	Sozialgesetzbuch – Fünftes Buch (Gesetzliche Krankenversicherung)

SGB VI	Sozialgesetzbuch – Sechstes Buch (Gesetzliche Rentenversicherung)
SGB VII	Sozialgesetzbuch – Siebtes Buch (Gesetzliche Unfallversicherung)
SGB XI	Sozialgesetzbuch – Elftes Buch (Soziale Pflegeversicherung)
SGB XII	Sozialgesetzbuch – Zwölftes Buch (Sozialhilfe)
SGB XIV	Sozialgesetzbuch – Vierzehntes Buch (Soziale Entschädigung)

1.

Rechtliche Grundlagen für die Ansprüche von Pflegepersonen

Häusliche Pflege als Grundlage der Pflegeversicherung

„Die Pflegeversicherung soll mit ihren Leistungen vorrangig die häusliche Pflege und die Pflegebereitschaft der Angehörigen und Nachbarn unterstützen, damit die Pflegebedürftigen möglichst lange in ihrer häuslichen Umgebung bleiben können." – so der Wortlaut von § 3 Satz 1 des Elften Buches Sozialgesetzbuch (SGB XI). Diese Vorschrift stellt eines der wesentlichen Ziele der Pflegeversicherung heraus: in besonderem Maße die häusliche Pflege zu unterstützen und zu fördern. In Satz 2 bestimmt § 3 SGB XI zudem den Vorrang der häuslichen Pflege und teilstationären Pflege sowie der Kurzzeitpflege gegenüber den Leistungen der vollstationären Pflege.

Diese Leitgedanken des SGB XI zeigen auf, dass die Pflegeversicherung ein Teilkaskosystem ist, mit dem Hilfebedarfe bei Pflegebedürftigen mitfinanziert, aber niemals ganz abgedeckt werden. Der Staat verlässt sich vielmehr darauf, dass Angehörige oder sonstige Freiwillige/Ehrenamtliche die Pflege- und Betreuungsarbeit übernehmen (sog. Laienpflege).

Derzeit werden in Deutschland rund 80 Prozent der Pflegebedürftigen im häuslichen Umfeld gepflegt. Dies zeigt den hohen Stellenwert der häuslichen Pflege und den großen Wunsch der Pflegebedürftigen, im häuslichen Umfeld verbleiben zu können.

Der Vorrang der häuslichen Pflege führt nicht zu einer eingeschränkten Berücksichtigung der individuellen Pflegesituation bei der Leistung. Berechtigten Wünschen (vgl. § 2 Abs. 2 SGB XI, § 33 SGB I) des Pflegebedürftigen ist Rechnung zu tragen. Der Vorrang häuslicher Pflege hat dort seine Grenzen, wo bedingt durch die familiären oder sozialen Verhältnisse eine angemessene Versorgung und Betreuung im häuslichen Bereich nicht sichergestellt ist. Wird festgestellt, dass die häusliche Pflege nicht in geeigneter Weise durchgeführt werden kann, so ist darauf hinzuwirken, dass diese zweckentsprechend erfolgt.

Aus dem Vorrang der häuslichen Pflege folgt, dass auch teilstationäre Leistungen und Kurzzeitpflege gegenüber den Leistungen bei nicht nur vorübergehender vollstationärer Pflege vorrangig sind. Diese Leistungen ergänzen oder ersetzen die häusliche Pflege. Sie stellen sicher, dass die enge Beziehung des Pflegebedürftigen zu seiner Familie und seinem Wohnbereich aufrechterhalten bleibt.

Art und Umfang der Leistungen

Die Leistungen der Pflegeversicherung werden als Dienst-, Sach- oder Geldleistungen sowie als Kostenerstattung erbracht. Sie sollen dazu beitragen, den Bedarf des Pflegebedürftigen an körperbezogenen Pflegemaßnahmen und pflegerischen Betreuungsmaßnahmen sowie an Hilfen bei der Haushaltsführung zu decken.

Zu den körperbezogenen Pflegemaßnahmen gehören die notwendigen pflegerischen nichtmedizinischen Hilfe- und Unterstützungsleistungen in den in § 14 Abs. 2 Nr. 1 und § 4 SGB XI aufgeführten Bereichen sowie die Anleitung der Ausführung dieser Aktivitäten oder die Anleitung zur Selbstvornahme. Ziel der Hilfe ist die Beseitigung und Minderung der Beeinträchtigung der Selbstständigkeit oder der Fähigkeiten oder die Vermeidung der Verschlimmerung der Pflegebedürftigkeit.

Pflegerische Betreuungsmaßnahmen umfassen Unterstützungsleistungen zur Bewältigung psychosozialer Problemlagen oder Gefährdungen (Selbst- oder Fremdgefährdung), bei der Orientierung, bei der Tagesstruktur, bei der Kommunikation, bei der Aufrechterhaltung sozialer Kontakte, bei der bedürfnisgerechten Beschäftigung im Alltag sowie Maßnahmen zur kognitiven Aktivierung. Sie dienen auch der alltäglichen Freizeitgestaltung. Die pflegerischen Betreuungsmaßnahmen können auch durch Anwesenheit einer geeigneten Pflegekraft, die jeweils bei Bedarf situationsgerecht Unterstützung leistet, erbracht werden.

Die Behandlungspflege bei häuslicher Pflege (z. B. medizinische Hilfeleistungen wie Verbandswechsel, Medikamentengabe) stellt keine Leistung der Pflegeversicherung dar; sie wird weiterhin durch die gesetzliche Krankenversicherung erbracht. Die Behandlungspflege in teil- und vollstationären Pflegeeinrichtungen sowie in Kurzzeitpflegeeinrichtungen ist Bestandteil der Leistungen der Pflegeversicherung.

Soweit sich Pflegebedürftige in teil- und vollstationären Pflegeeinrichtungen sowie in Kurzzeitpflegeeinrichtungen befinden, umfasst das Leistungsspektrum auch die Betreuung.

Begriff der Pflegebedürftigkeit

Pflegebedürftig i. S. d. SGB XI sind Personen, die aufgrund von gesundheitlich bedingten Beeinträchtigungen der Selbstständigkeit oder der Fähigkeiten nach Maßgabe der im Gesetz abschließend definierten Kriterien in den sechs Bereichen des § 14 Abs. 2 SGB XI der Hilfe anderer bedürfen, auf die im Folgenden näher eingegangen wird. Der Hilfebedarf muss auf den in den Kriterien beschriebenen, gesundheitlich bedingten Beeinträchtigungen der Selbstständigkeit oder der Fähigkeiten beruhen; andere Ursachen für einen Hilfebedarf bleiben außer Betracht. Die Beeinträchtigungen der Selbstständigkeit oder der Fähigkeiten werden personenbezogen und unabhängig vom jeweiligen (Wohn-)Umfeld ermittelt. Dabei sind nur solche Personen pflegebedürftig, die körperliche, kognitive oder psychische Beeinträchtigungen sowie gesundheitlich bedingte Belastungen oder Anforderungen nicht selbstständig kompensieren oder bewältigen können. Die Beeinträchtigungen der Selbstständigkeit oder der Fähigkeiten und der Hilfebedarf durch andere müssen zumindest in der in § 15 SGB XI festgelegten Schwere und auf Dauer, voraussichtlich für mindestens sechs Monate, bestehen.

Liegt der erforderliche Hilfebedarf nur kurzzeitig oder unterhalb der Schwelle der geringen Beeinträchtigung der Selbstständigkeit oder der Fähigkeiten bzw. bei Kindern im Alter bis 18 Monaten nach § 15 Abs. 7 Nr. 1 SGB XI vor, ist dieser nicht von der Solidargemeinschaft der Pflegeversicherten zu finanzieren. Für diesen Hilfebedarf kann und soll der Einzelne – entsprechend dem Grundsatz der Subsidiarität solidarischer Hilfen gegenüber der Eigenverantwortung – selbst einstehen.

Dauer der Pflegebedürftigkeit

Der Leistungsanspruch nach dem SGB XI setzt eine auf Dauer, voraussichtlich für mindestens sechs Monate, bestehende Beeinträchtigung der Selbstständigkeit oder der Fähigkeiten des Antragstellers mit daraus resultierendem Bedarf an Hilfe durch andere voraus. Der Einschub „voraussichtlich für mindestens sechs Monate“ präzisiert den Begriff „auf Dauer“ in mehrfacher Hinsicht. Zum einen wird festgelegt, dass nur Zeiträume von mindestens sechs Monaten die Voraussetzung „auf Dauer“ erfüllen. Zum anderen wird verdeutlicht, dass bereits vor Ablauf von sechs Monaten eine Entscheidung über das Vorliegen von Pflegebedürftigkeit getroffen werden kann, wenn vorhersehbar ist, dass der Zustand der Beeinträchtigung mindestens sechs Monate andauern wird. Pflegebedürftigkeit auf Dauer ist auch gegeben, wenn die Beeinträchtigung der Selbstständigkeit nur deshalb nicht über sechs Monate hinausgeht, weil die zu erwartende Lebensspanne voraussichtlich weniger als sechs Monate beträgt.

Bei der Bestimmung des Sechs-Monats-Zeitraums ist vom Eintritt der Beeinträchtigung und nicht vom Zeitpunkt der Begutachtung auszugehen.

Liegen die Voraussetzungen für die Zuordnung zu einem Pflegegrad für mindestens sechs Monate vor und ist mit großer Wahrscheinlichkeit zu erwarten, dass sich die gesundheitliche Beeinträchtigung der Selbstständigkeit oder Fähigkeiten des Antragstellers, z. B. durch therapeutische oder rehabilitative Maßnahmen, pflegegradrelevant verringert, kann die Zuordnung zu einem Pflegegrad auf Empfehlung des Medizinischen Dienstes (MD) oder des von der Pflegekasse beauftragten Gutachters auf die Dauer der wahrscheinlichen Pflegebedürftigkeit befristet werden.

Maßgeblich für das Vorliegen von Pflegebedürftigkeit sind gesundheitliche Beeinträchtigungen der Selbstständigkeit oder der Fähigkeiten in den in § 14 Abs. 2 SGB XI genannten sechs Bereichen. Diese umfassen jeweils eine Gruppe artverwandter Kriterien oder einen Lebensbereich. Sie stellen einen abschließenden Katalog der zu berücksichtigenden Kriterien dar, anhand derer Beeinträchtigungen der Selbstständigkeit oder der Fähigkeiten festgestellt werden sollen. Die einzelnen Kriterien sind in den Begutachtungsrichtlinien nach § 17 SGB XI in der Fassung ab dem 01.01.2017 durch den GKV-Spitzenverband pflegefachlich konkretisiert. Insbesondere sind in diesen die fachlichen Hintergründe und Inhalte der Kriterien hinterlegt, an die die

Gutachter des MD und die von der Pflegekasse beauftragten Gutachter bei der Begutachtung bundesweit gebunden sind. Es handelt sich dabei um die folgenden Kriterien.

Bereich 1: Mobilität

Maßgeblich ist, ob der Antragsteller in der Lage ist, ohne personelle Unterstützung bestimmte Körperhaltungen einzunehmen und sich fortzubewegen. Es werden lediglich Aspekte wie Körperkraft, Balance, Bewegungskoordination etc. beurteilt und nicht die zielgerichtete Fortbewegung. Es werden nicht die Folgen kognitiver Beeinträchtigungen berücksichtigt. Der Bereich beinhaltet die folgenden Kriterien:

- Positionswechsel im Bett
- Halten einer stabilen Sitzposition
- Umsetzen
- Fortbewegen innerhalb des Wohnbereichs
- Treppensteigen

Bereich 2: Kognitive und kommunikative Fähigkeiten

In diesem Bereich werden ausschließlich kognitive und kommunikative Fähigkeiten und Aktivitäten betrachtet. Maßgeblich sind Aspekte des Erkennens, Entscheidens oder des Steuerns von Aktivitäten und nicht deren motorische Umsetzung. Es ist unerheblich, ob ein zuvor selbstständiger Erwachsener eine Fähigkeit verloren oder nie ausgebildet hat. Der Bereich beinhaltet die folgenden Kriterien:

- Erkennen von Personen aus dem näheren Umfeld
- örtliche Orientierung
- zeitliche Orientierung
- Erinnern an wesentliche Ereignisse oder Beobachtungen
- Steuern von mehrschrittigen Alltagshandlungen
- Treffen von Entscheidungen im Alltagsleben
- Verstehen von Sachverhalten und Informationen
- Erkennen von Risiken und Gefahren
- Mitteilen von elementaren Bedürfnissen
- Verstehen von Aufforderungen
- Beteiligen an einem Gespräch

Bereich 3: Verhaltensweisen und psychische Problemlagen

In diesem Bereich werden Verhaltensweisen und psychische Problemlagen als Folge von Gesundheitsproblemen betrachtet, die immer wieder auftreten und personelle Unterstützung erforderlich machen. Im Mittelpunkt steht die Frage, inwieweit der Antragsteller sein Verhalten ohne personelle Unterstützung steuern kann. Von fehlender „Selbststeuerung" ist auch dann auszugehen, wenn ein Verhalten zwar nach Aufforderung abgestellt wird, aber danach immer wieder aufs Neue auftritt, weil das Verbot nicht verstanden wird oder die Person sich nicht erinnern kann. Zu den Problemen gehören:

- motorisch geprägte Verhaltensauffälligkeiten
- nächtliche Unruhe
- selbstschädigendes und autoaggressives Verhalten
- Beschädigen von Gegenständen
- psychisch aggressives Verhalten gegenüber anderen Personen
- verbale Aggression
- andere pflegerelevante vokale Auffälligkeiten
- Abwehr pflegerischer und anderer unterstützender Maßnahmen
- Wahnvorstellungen
- Ängste
- Antriebslosigkeit bei depressiver Stimmungslage
- sozial inadäquate Verhaltensweisen
- sonstige pflegerelevante inadäquate Handlungen

Bereich 4: Selbstversorgung

In diesem Bereich ist maßgeblich, ob die nachfolgend genannten Handlungen praktisch durchgeführt werden können. Es ist unerheblich, ob die Beeinträchtigungen der Selbstständigkeit aufgrund von Schädigungen somatischer oder mentaler Funktionen bestehen. Die Kriterien sind wie folgt:

- Waschen des vorderen Oberkörpers
- Körperpflege im Bereich des Kopfes
- Waschen des Intimbereichs
- Duschen und Baden einschließlich Waschen der Haare

- An- und Auskleiden des Oberkörpers
- An- und Auskleiden des Unterkörpers
- mundgerechtes Zubereiten der Nahrung und Eingießen von Getränken
- Essen
- Trinken
- Benutzen einer Toilette oder eines Toilettenstuhls
- Bewältigen der Folgen einer Harninkontinenz und Umgang mit Dauerkatheter und Urostoma
- Bewältigen der Folgen einer Stuhlinkontinenz und Umgang mit Stoma
- Ernährung parenteral oder über Sonde
- bei der Nahrungsaufnahme bei Kindern im Alter von bis zu 18 Monaten: Bestehen gravierender Probleme, die einen außergewöhnlich pflegeintensiven Hilfebedarf auslösen

Bereich 5: Bewältigung von und selbstständiger Umgang mit krankheits- oder therapiebedingten Anforderungen und Belastungen

In diesem Bereich geht es um die Durchführung ärztlich verordneter Maßnahmen, die gezielt auf eine bestehende Erkrankung ausgerichtet und für voraussichtlich mindestens sechs Monate erforderlich sind. Maßgeblich ist, ob der Antragsteller die jeweilige Aktivität praktisch durchführen kann. Ist dies nicht der Fall, wird die Häufigkeit der Hilfe durch andere Personen dokumentiert (oftmals identisch mit der ärztlich angeordneten Häufigkeit). Es ist unerheblich, ob die Beeinträchtigungen der Selbstständigkeit aufgrund von Schädigungen somatischer oder mentaler Funktionen bestehen. Lösungsansätze sind:

- Medikation
- Injektionen
- Versorgung intravenöser Zugänge (Port)
- Absaugen und Sauerstoffgabe
- Einreibungen sowie Kälte- und Wärmeanwendungen
- Messung und Deutung von Körperzuständen
- körpernahe Hilfsmittel

- Verbandwechsel und Wundversorgung
- Versorgung mit Stoma
- regelmäßige Einmal-Katheterisierung und Nutzung von Abführmethoden
- Therapiemaßnahmen in häuslicher Umgebung
- zeit- und technikintensive Maßnahmen in häuslicher Umgebung
- Arztbesuche
- Besuche anderer medizinischer oder therapeutischer Einrichtungen (bis zu drei Stunden)
- zeitlich ausgedehnte Besuche medizinischer oder therapeutischer Einrichtungen (länger als drei Stunden)
- Einhalten einer Diät oder anderer krankheits- oder therapiebedingter Verhaltensvorschriften
- Besuch von Einrichtungen zur Frühförderung bei Kindern

Bereich 6: Gestaltung des Alltagslebens und sozialer Kontakte

Maßgeblich ist, ob der Antragsteller die nachfolgend genannten Aktivitäten praktisch durchführen kann. Es ist unerheblich, ob die Beeinträchtigungen der Selbstständigkeit aufgrund von Schädigungen somatischer oder mentaler Funktionen bestehen. Die Kriterien im Einzelnen sind wie folgt:

- Gestaltung des Tagesablaufs und Anpassung an Veränderungen
- Ruhen und Schlafen
- sich beschäftigen
- Vornehmen von in die Zukunft gerichteten Planungen
- Interaktion mit Personen im direkten Kontakt
- Kontaktpflege zu Personen außerhalb des direkten Umfelds

Besondere Bedarfskonstellation

Zusätzlich wird erfasst, ob eine besondere Bedarfskonstellation vorliegt. Besondere Bedarfskonstellationen betreffen Antragsteller mit schwersten Beeinträchtigungen und einem außergewöhnlich hohen bzw. intensiven Hilfebedarf, der besondere Anforderungen an die pflegerische Versorgung aufweist. Das Vorliegen einer besonderen Bedarfskonstellation ist in den Begutachtungsrichtlinien definiert.

Hier wird das Kriterium Gebrauchsunfähigkeit beider Arme und Beine berücksichtigt.

Der Pflegegrad orientiert sich an der Schwere der Beeinträchtigungen der Selbstständigkeit oder der Fähigkeiten. Insgesamt gibt es fünf Pflegegrade:

- Pflegegrad 1: geringe Beeinträchtigungen der Selbstständigkeit oder der Fähigkeiten
- Pflegegrad 2: erhebliche Beeinträchtigungen der Selbstständigkeit oder der Fähigkeiten
- Pflegegrad 3: schwere Beeinträchtigungen der Selbstständigkeit oder der Fähigkeiten
- Pflegegrad 4: schwerste Beeinträchtigungen der Selbstständigkeit oder der Fähigkeiten
- Pflegegrad 5: schwerste Beeinträchtigungen der Selbstständigkeit oder der Fähigkeiten mit besonderen Anforderungen an die pflegerische Versorgung

Die Ermittlung des Pflegegrades erfolgt mithilfe eines Begutachtungsinstruments (vgl. Begutachtungsrichtlinien). Dieses ist in sechs Module gegliedert, die den soeben genannten sechs Bereichen

- Mobilität,
- kognitive und kommunikative Fähigkeiten,
- Verhaltensweisen und psychische Problemlagen,
- Selbstversorgung,
- Bewältigung von und selbstständiger Umgang mit krankheits- oder therapiebedingten Anforderungen sowie
- Gestaltung des Alltagslebens und sozialer Kontakte

in § 14 Abs. 2 SGB XI entsprechen. Zusätzlich umfasst es die Bereiche außerhäusliche Aktivitäten und Haushaltsführung. Diese werden zwar festgestellt, sie gehen jedoch nicht in die Ermittlung des Pflegegrades mit ein. In den einzelnen Kriterien der Module 1 bis 6 werden die Beeinträchtigung der Selbstständigkeit oder der Fähigkeiten bewertet und für jedes erhobene Kriterium je nach Schweregrad der Beeinträchtigungen Einzelpunkte vergeben. Zudem werden die Module zueinander gewichtet, um körperliche, kognitive und psychische Beeinträchtigungen anhand eines übergreifenden Maßstabs der Schwere der Beeinträchtigungen der Selbstständigkeit oder der Fähigkeiten in ein Verhältnis zu stellen, das die verschiedenen Arten von Beeinträchtigungen angemessen berücksichtigt. Aus dem so ermittelten Gesamtpunktwert wird der Pflegegrad abgeleitet.

Die Konkretisierung der Kategorien der Module, der jeweiligen Einzelpunkte, Summe der Einzelpunkte und gewichteten Punkte in jedem Modul ist in den jeweiligen Anlagen 1 und 2 zu § 15 SGB XI festgelegt.

Ermittlung der Gesamtpunkte

Zunächst werden in den Modulen 1 bis 6 für jedes Kriterium der Bereiche des § 14 Abs. 2 SGB XI die Beeinträchtigungen der Selbstständigkeit oder der Fähigkeiten erhoben. Mit Ausnahme von Modul 5 ist für die Bewertung der Beeinträchtigungen der Selbstständigkeit und der Fähigkeiten eine Skalierung von vier Schweregraden vorgesehen. Je nach Ausprägung des Kriteriums wird eine entsprechende Punktzahl vergeben.

In den **Modulen 1, 4 und 6** wird der Grad der Selbstständigkeit des Antragstellers anhand einer vierstufigen Skala von selbstständig, überwiegend selbstständig, überwiegend unselbstständig bis unselbstständig zugeordnet.

Selbstständig: Selbstständig ist ein Antragsteller, wenn er die Aktivität in der Regel selbstständig durchführen kann. Möglicherweise ist die Durchführung erschwert oder verlangsamt oder nur unter Nutzung von Hilfsmitteln möglich. Entscheidend ist jedoch, dass der Antragsteller keine personelle Hilfe benötigt. Vorübergehende oder nur vereinzelt auftretende Beeinträchtigungen sind nicht zu berücksichtigen.

Überwiegend selbstständig: Überwiegende Selbstständigkeit liegt vor, wenn der Antragsteller den größten Teil der Aktivität selbstständig durchführen kann. Dementsprechend entsteht nur ein geringer, mäßiger Aufwand für die Pflegeperson.

Überwiegend unselbstständig: Überwiegende Unselbstständigkeit des Antragstellers liegt vor, wenn die Aktivität nur zu einem geringen Anteil selbstständig durchgeführt werden kann. Es sind aber Ressourcen vorhanden, sodass eine Beteiligung möglich ist. Dies setzt ggf. ständige Anleitung oder aufwändige Motivation auch während der

Aktivität voraus oder Teilschritte der Handlung müssen übernommen werden. Zurechtlegen und Richten von Gegenständen, wiederholte Aufforderungen oder punktuelle Unterstützungen reichen nicht aus.

Unselbstständig: Unselbstständigkeit liegt vor, wenn der Antragsteller die Aktivität in der Regel nicht selbstständig durchführen bzw. steuern kann, auch nicht in Teilen. Es sind kaum oder keine Ressourcen vorhanden. Ständige Motivation, Anleitung und Beaufsichtigung reichen auf keinen Fall aus. Die Pflegeperson muss alle oder nahezu alle Teilhandlungen anstelle des Antragstellers durchführen. Eine minimale Beteiligung ist nicht zu berücksichtigen (z. B. wenn sich der Antragsteller in sehr geringem Umfang mit Teilhandlungen beteiligt).

Im **Modul 2** wird die Intensität einer funktionalen Beeinträchtigung bezüglich kognitiver und kommunikativer Fähigkeiten einer vierstufigen Skala zugeordnet:

- Fähigkeit vorhanden bzw. unbeeinträchtigt
- Fähigkeit größtenteils vorhanden
- Fähigkeit in geringem Maße vorhanden
- Fähigkeit nicht vorhanden

Fähigkeit vorhanden bzw. unbeeinträchtigt: Die Fähigkeit ist (nahezu) vollständig vorhanden.

Fähigkeit größtenteils vorhanden: Die Fähigkeit ist überwiegend (die meiste Zeit über, in den meisten Situationen), aber nicht durchgängig vorhanden. Der Antragsteller hat Schwierigkeiten, höhere oder komplexere Anforderungen zu bewältigen.

Fähigkeit in geringem Maße vorhanden: Die Fähigkeit ist stark beeinträchtigt, aber erkennbar vorhanden. Der Antragsteller hat häufig und/oder in vielen Situationen Schwierigkeiten. Er kann nur geringe Anforderungen bewältigen. Es sind Ressourcen vorhanden.

Fähigkeit nicht vorhanden: Die Fähigkeit ist nicht oder nur in sehr geringem Maße (sehr selten) vorhanden.

Im **Modul 3** wird die Häufigkeit des Auftretens bezüglich der Verhaltensweisen einer vierstufigen Skala zugeordnet:

- nie oder sehr selten
- selten, das heißt ein- bis dreimal innerhalb von zwei Wochen

- häufig, das heißt zweimal bis mehrmals wöchentlich, aber nicht täglich
- täglich

Im **Modul 5** werden verschiedene Kategorien bewertet, also das Vorkommen, die Häufigkeit des Auftretens und die Selbstständigkeit des Antragstellers bei der Durchführung.

Die Einzelpunkte der jeweiligen Kategorien eines Moduls sind in Anlage 1 zu § 15 SGB XI festgesetzt. Die so ermittelten Einzelpunkte werden zu einem Gesamtwert aufsummiert. Dieser Gesamtwert wird je nach Schwere der Beeinträchtigungen einem gewichteten Punktwert zugeordnet, der das Ausmaß der Beeinträchtigung der Selbstständigkeit des jeweiligen Moduls widerspiegelt. Der gewichtete Punktwert ist in Anlage 2 zu § 15 SGB XI festgesetzt. Die Module werden wie folgt gewichtet:

- Mobilität: 10 Prozent
- kognitive und kommunikative Fähigkeiten sowie Verhaltensweisen und psychische Problemlagen: 15 Prozent
- Selbstversorgung: 40 Prozent
- Bewältigung von und selbstständiger Umgang mit krankheits- oder therapiebedingten Anforderungen: 20 Prozent
- Gestaltung des Alltagslebens und sozialer Kontakte: 15 Prozent

Es ist unerheblich, ob die Beeinträchtigungen der Selbstständigkeit aufgrund von Schädigungen somatischer oder mentaler Funktionen bestehen.

Module		**Schweregrad der Beeinträchtigungen der Selbstständigkeit oder der Fähigkeiten**				
		keine	**geringe**	**erhebliche**	**schwere**	**schwerste**
		0	**1**	**2**	**3**	**4**
Mobilität (10 Prozent)	Summe der Punkte Modul 1	0–1	2–3	4–5	6–9	10–15
	Gewichtete Punkte Modul 1	0	2,5	5	7,5	10
Kognitive und kommunikative Fähigkeiten	Summe der Punkte Modul 2	0–1	2–5	6–10	11–16	17–33
Verhaltensweisen und psychische Problemlagen	Summe der Punkte Modul 3	0	1–2	3–4	5–6	7–65
Höchster Wert aus Modul 2 oder 3 (15 Prozent)		0	3,75	7,5	11,25	15
Selbstversorgung (40 Prozent)	Summe der Punkte Modul 4	0–2	3–7	8–18	19–36	37–54
	Gewichtete Punkte Modul 4	0	10	20	30	40

Module		**Schweregrad der Beeinträchtigungen der Selbstständigkeit oder der Fähigkeiten**				
		keine	**geringe**	**erhebliche**	**schwere**	**schwerste**
		0	**1**	**2**	**3**	**4**
Bewältigung von und selbstständiger Umgang mit krankheits- oder therapiebedingten Anforderungen (20 Prozent)	Summe der Punkte Modul 5	0	1	2–3	4–5	6–15
	Gewichtete Punkte Modul 5	0	5	10	15	20

Aus der Zusammenführung aller gewichteten modulspezifischen Punkte ergibt sich der Gesamtpunktwert, der das Ausmaß der Pflegebedürftigkeit bestimmt und auf dessen Grundlage sich der Pflegegrad ableitet. Eine Besonderheit besteht darin, dass nicht beide Werte der Module 2 und 3, sondern nur der höchste der beiden Werte in die Berechnung eingeht.

Auf der Basis der ermittelten Gesamtpunktzahl ist der Antragsteller in einen der Pflegegrade einzuordnen. Pflegebedürftigkeit liegt vor, wenn der Gesamtpunktwert mindestens 12,5 Punkte beträgt. Der Grad der Pflegebedürftigkeit bestimmt sich wie folgt:

- Pflegegrad 1: ab 12,5 bis unter 27 Gesamtpunkte
- Pflegegrad 2: ab 27 bis unter 47,5 Gesamtpunkte
- Pflegegrad 3: ab 47,5 bis unter 70 Gesamtpunkte
- Pflegegrad 4: ab 70 bis unter 90 Gesamtpunkte
- Pflegegrad 5: ab 90 bis 100 Gesamtpunkte

Pflegebedürftige mit besonderen Bedarfskonstellationen aufgrund der Gebrauchsunfähigkeit beider Arme und Beine werden unabhängig vom Erreichen des Schwellenwertes von 90 Punkten dem Pflegegrad 5 zugeordnet.

Wichtig: Personen, die nach beamtenrechtlichen Vorschriften oder Grundsätzen bei Krankheit und Pflege Anspruch auf Beihilfe oder Heilfürsorge haben, erhalten die jeweils zustehenden Leistungen zur Hälfte; dies gilt auch für den Wert der Sachleistungen.

Frist zur Begutachtung

Das Verfahren zur Feststellung der Pflegebedürftigkeit ist in den Begutachtungsrichtlinien verbindlich geregelt. Die Entscheidung über das Vorliegen von Pflegebedürftigkeit und die Zuordnung in einen Pflegegrad ist von der Pflegekasse unter maßgeblicher Berücksichtigung des Gutachtens des MD oder des von ihr beauftragten Gutachters zu treffen. Der Pflegekasse obliegt auch die Entscheidung über die zu erbringenden Leistungen nach dem SGB XI.

Die Pflegekasse hat – trotz evtl. vorliegender eindeutiger Aussagen – bei Eingang des Leistungsantrags des Versicherten eine Prüfung durch den MD oder durch einen von ihr beauftragten Gutachter zu veranlassen. Ausnahmsweise kann die Einschaltung des MD oder des von der Pflegekasse beauftragten Gutachters unterbleiben, wenn die Anspruchsvoraussetzungen auch ohne eine Begutachtung von vornherein verneint werden können.

Als Leistungsantrag ist die Vorlage einer ärztlichen Bescheinigung über die Pflegebedürftigkeit oder die Notwendigkeit bestimmter Leistungen nicht erforderlich. Häufig wird aus den Unterlagen der Krankenkasse ersichtlich sein, dass eine Pflegebedürftigkeit oder die Notwendigkeit zur Erbringung bestimmter diesbezüglicher Leistungen besteht. Gegebenenfalls wird die Pflegekasse auf Initiative der Krankenkasse tätig. Ausreichend ist auch die mit Einwilligung des Versicherten erfolgte Unterrichtung der Pflegekasse durch Dritte.

Die Pflegekassen übermitteln die Aufträge zur Feststellung von Pflegebedürftigkeit an den Medizinischen Dienst oder an die von ihnen beauftragten Gutachter. Die Übermittlung eines Auftrags hat innerhalb von drei Arbeitstagen ab Eingang des Antrags auf Pflegeleistungen in gesicherter elektronischer Form zu erfolgen. Der Medizinische Dienst Bund regelt im Benehmen mit dem Spitzenverband Bund der Pflegekassen in den Richtlinien, welche Unterlagen zwingend zur Beauftragung der Feststellung von Pflegebedürftigkeit erforderlich sind.

Die Pflegekasse hat dem Antragsteller im Regelfall innerhalb von 25 Arbeitstagen nach Antragseingang die Entscheidung über seinen Antrag schriftlich mitzuteilen.

Grundsätzlich gilt: Der Gutachter des MD oder ein externer Gutachter soll innerhalb von 20 Arbeitstagen ab Antragstellung eine Begutachtung vornehmen. Ist innerhalb dieser Frist keine Begutachtung erfolgt, sind dem Antragsteller durch die Pflegekasse mindestens drei unabhängige Gutachter vorzuschlagen, aus denen er wählen kann.

Eilbegutachtung

Für besondere Fallgestaltungen, in denen Leistungsentscheidungen kurzfristig erforderlich sind, um die Weiterversorgung zu organisieren oder ergänzende Ansprüche realisieren zu können, sieht die gesetzliche Regelung explizite Fristen für die Begutachtung durch den MD oder den von der Pflegekasse beauftragten Gutachter vor. So ist die Begutachtung unverzüglich, spätestens **innerhalb von 5 Arbeitstagen** nach Eingang des Antrags bei der zuständigen Pflegekasse durchzuführen, wenn

- sich der Versicherte in einer Einrichtung (im Krankenhaus, in einer stationären Rehabilitationseinrichtung) befindet und Hinweise vorliegen, dass zur Sicherstellung der ambulanten oder stationären Weiterversorgung und Betreuung eine Begutachtung in der Einrichtung erforderlich ist, oder
- die Inanspruchnahme von Pflegezeit nach dem Pflegezeitgesetz gegenüber dem Arbeitgeber der pflegenden Person angekündigt wurde oder
- mit dem Arbeitgeber der pflegenden Person eine Familienpflegezeit nach § 2 Abs. 1 Familienpflegezeitgesetz vereinbart wurde.

Eine Begutachtung ist spätestens innerhalb von zehn Arbeitstagen nach Eingang des Antrags bei der Pflegekasse durchzuführen, wenn der Antragsteller zu Hause lebt, ohne palliativ versorgt zu werden, und die (zukünftige) Pflegeperson beim Arbeitgeber Pflegezeit angekündigt oder Familienpflegezeit vereinbart hat.

In den Fällen der verkürzten Begutachtungsfrist muss die Empfehlung der Gutachter nur die Feststellung enthalten, ob Pflegebedürftigkeit vorliegt und ob mindestens die Voraussetzungen des Pflegegrades 2 erfüllt sind. Die vollständige Begutachtung ist unverzüglich nachzuholen. Folgt auf einen Krankenhaus- oder Reha-Aufenthalt des Versicherten eine Kurzzeitpflege, hat die abschließende Begutachtung spätestens am 10. Arbeitstag nach Beginn der Kurzzeitpflege in der Einrichtung zu erfolgen.

Wichtig: Hält die Kasse die verkürzten Begutachtungsfristen oder die Entscheidungsfrist von 25 Arbeitstagen nicht ein, muss sie dem Antragsteller für jede begonnene Woche der Fristüberschreitung unverzüglich 70 Euro zahlen. Das gilt jedoch nicht, wenn der Antragsteller sich in stationärer Pflege befindet und bereits in Pflegegrad 2 oder höher eingestuft ist oder wenn die Pflegekasse die Verzögerung nicht zu vertreten hat.

Hat die Pflegekasse den Grund für die Verzögerung nicht zu vertreten, so ist die Frist so lange unterbrochen, bis die Verzögerung beendet ist. Danach läuft die Frist weiter. Das ist zum Beispiel der Fall, wenn ein Begutachtungstermin abgesagt werden muss, weil der Antragsteller im Krankenhaus ist.

Fordert die Pflegekasse nach der Antragstellung noch zwingend erforderliche Unterlagen vom Antragsteller an, werden die Fristen ebenfalls so lange unterbrochen, bis die geforderten Unterlagen bei der Pflegekasse eingegangen sind. Die Unterbrechung beginnt mit dem Tag, an dem dem Antragsteller die Anforderung der Unterlagen zugeht. Mit dem Eingang der geforderten Unterlagen bei der Pflegekasse läuft die Frist weiter.

Diese Frist kann in regionalen Vereinbarungen verkürzt werden. Befindet sich der Versicherte in einem Hospiz oder wird ambulant palliativ versorgt, gilt ebenfalls die verkürzte Begutachtungsfrist von einer Woche.

In diesen Fällen ist es umso wichtiger, dass die Pflegekasse dem MD oder dem von ihr beauftragten Gutachter bei Eingang des Antrags oder aufgrund anderer vorliegender Hinweise die relevanten Unterlagen für die Durchführung der Begutachtung unverzüglich, z. B. per Fax, zur Verfügung stellt.

Wichtig: Durch das Pflegeunterstützungs- und -entlastungsgesetz wurde zum 01.07.2023 die Möglichkeit einer dauerhaften telefonischen Begutachtung zur Ermittlung eines Pflegegrades durch den MD oder einen anderen Gutachter ermöglicht. Allerdings nicht in allen Situationen und nur, wenn der Versicherte damit einverstanden ist.

Begriff der Pflegepersonen

Im SGB XI arbeitet der Gesetzgeber mit zwei Begriffen: dem „Angehörigen" und der „Pflegeperson". Das kann, muss aber nicht immer dieselbe Person sein. Je nachdem, welcher Begriff verwendet wird, ergeben sich unterschiedliche Leistungen und Ansprüche.

Beispiel:

Aus § 45 Abs. 1 Satz 1 SGB XI ergibt sich, dass die Pflegekassen für Angehörige unentgeltlich Schulungskurse durchführen müssen, an denen diese kostenlos teilnehmen können.
Aus § 45 Abs. 1 Satz 3 SGB XI ergibt sich, dass auf Wunsch der Pflegeperson die Schulung in der häuslichen Umgebung des Pflegebedürftigen stattfinden muss.
In derselben Vorschrift werden also beide Begriffe verwendet. Anspruch auf eine individuelle Einzelschulung zu Hause beim Pflegebedürftigen hat aber nur die Pflegeperson.

§ **Den Begriff der Pflegeperson regelt § 19 SGB XI:**

Pflegeperson im Sinne dieses Buches sind Personen, die nicht erwerbsmäßig einen Pflegebedürftigen im Sinne des § 14 in seiner häuslichen Umgebung pflegen.

Eine Tätigkeit einer Pflegeperson gilt dabei als nicht erwerbsmäßig, wenn sie dafür keine Vergütung erhält.

Wichtig: Ausgenommen ist dabei das Pflegegeld, das der Pflegebedürftige in den Pflegegraden 2 bis 5 erhält. Dieses dient dazu, Pflegebedürftige in die Lage zu versetzen, Angehörigen, dem Ehe- und Lebenspartner und sonstigen Pflegepersonen eine materielle Anerkennung für die mit großem Einsatz und Opferbereitschaft im häuslichen Umfeld erbrachte Pflege und Betreuung zukommen zu lassen.

Häusliche Umgebung kann der eigene Haushalt, der Haushalt der Pflegeperson oder ein Haushalt sein, in dem der Pflegebedürftige aufgenommen wurde (z. B. Altenheim). Ausgenommen ist die vollstationäre Pflege in einem Pflegeheim.

Praxis-Tipp:

Die Aufnahme der Tätigkeit als Pflegeperson bedeutet nicht, dass man alles für diese erledigen kann. Im Rechtsverkehr mit Behörden und Banken, bei ärztlichen Angelegenheiten, bei Öffnung der Post und vielen weiteren Belangen, die das Selbstbestimmungsrecht des Betroffenen tangieren, sind Vollmachten notwendig. Dies gilt auch, wenn ein Angehöriger die Pflege übernimmt. Ggf. ist auch eine rechtliche Betreuung notwendig.
Betroffene und Angehörige sollten sich unbedingt beraten lassen, welche Formen der Vollmachten es gibt und in welchen Lebenssituationen diese sinnvoll sind.
Qualifizierte Beratung dazu führen örtliche Betreuungsvereine durch. Sie haben dazu einen gesetzlichen Auftrag. Über die Sozialämter oder Amtsgerichte vor Ort können die Kontaktdaten erfragt werden.

Meldung der Pflegeperson an die Pflegekasse

Der Pflegekasse des Pflegebedürftigen muss bekannt sein, wer als Pflegeperson nach § 19 SGB XI die Pflege und Betreuung des Versicherten übernimmt, um ihrer Pflicht nachkommen zu können, die in der Renten- und Unfallversicherung sowie in der Arbeitslosenversicherung zu versichernde Pflegeperson dem zuständigen Renten- und Unfallversicherungsträger sowie der Bundesagentur für Arbeit zu melden.

Eine Pflegeperson erhält Leistungen zur sozialen Sicherung, wenn sie

- eine oder mehrere pflegebedürftige Personen wenigstens zehn Stunden wöchentlich,
- verteilt auf regelmäßig mindestens zwei Tage in der Woche

pflegt. Nähere Informationen erhalten Sie dazu im Kapitel „Soziale Sicherung durch Sozialversicherungsträger".

Pflegegeld als finanzielle Anerkennung

Pflegegeld wird gezahlt, wenn Pflegebedürftige der Pflegegrade 2 bis 5 in häuslicher Umgebung gepflegt werden. Unbeachtlich ist, ob die Pflege durch Angehörige, den Ehe- oder Lebenspartner, sonstige ehrenamtliche Pflegepersonen, erwerbsmäßige Pflegekräfte oder eine vom Pflegebedürftigen angestellte Pflegeperson erbracht wird. Voraussetzung ist aber, dass der Pflegebedürftige mit dem Pflegegeld, dessen Umfang entsprechend, die erforderlichen körperbezogenen Pflegemaßnahmen und pflegerischen Betreuungsmaßnahmen sowie Hilfen bei der Haushaltsführung in geeigneter Weise sicherstellen kann. Ist dies – z. B. nach einer Feststellung des MD – nicht der Fall, kann das Pflegegeld nicht gezahlt werden. Gegebenenfalls obliegt der Pflegekasse die Verpflichtung darauf hinzuwirken, dass der Pflegebedürftige eine wirksame und wirtschaftliche Pflegeleistung erhält.

Mit dem Pflegegeld soll der Pflegebedürftige in die Lage versetzt werden, Angehörigen, dem Ehe- oder Lebenspartner und sonstigen Pflegepersonen eine materielle Anerkennung für die mit großem Einsatz und Opferbereitschaft im häuslichen Bereich erbrachte Pflege und Betreuung zukommen zu lassen.

Die häusliche Pflege wird nicht dadurch ausgeschlossen, dass der Pflegebedürftige in einem Altenwohnheim oder einer Altenwohnung lebt. Hierbei ist es unerheblich, ob der Pflegebedürftige die Haushaltsführung eigenverantwortlich regeln kann oder nicht.

Der Anspruch auf das Pflegegeld ist grundsätzlich ausgeschlossen, wenn es sich bei der Einrichtung, in der sich der Pflegebedürftige aufhält, um ein Pflegeheim handelt. In diesem Fall besteht für Pflegebedürftige der Pflegegrade 2 bis 5 ein Anspruch auf Leistungen für vollstationäre Pflege. Hält sich der Pflegebedürftige in einer nicht zugelassenen vollstationären Pflegeeinrichtung auf, besteht aufgrund der insoweit selbst sichergestellten Pflege ein Anspruch auf Pflegegeld.

Ist ein pflegebedürftiger Schüler von Montag bis Freitag in einer Einrichtung (nicht Einrichtungen und Räumlichkeiten i. S. d. § 71 Abs. 4 SGB XI, z. B. Krankenhäuser, Rehabilitationseinrichtungen, Werkstätten und Wohnheime für behinderte Menschen, Kindergärten) internatsmäßig untergebracht, besteht ein Anspruch auf Pflegegeld. Für diese Zeit kann unterstellt werden, dass der Schwerpunkt der häuslichen Pflege erhalten bleibt.

Demgegenüber ist von einer dauerhaften Internatsunterbringung auszugehen, wenn der Pflegebedürftige nicht regelmäßig jedes Wochenende in den Haushalt der Familie zurückkehrt, da in diesen Fällen der Lebensmittelpunkt innerhalb des Internats anzunehmen ist. Dennoch kann ein anteiliges Pflegegeld für die Zeiträume gezahlt werden, in denen sich der Pflegebedürftige im Haushalt der Familie aufhält. Dies gilt insbesondere auch für die Ferienzeiten, in denen der Pflegebedürftige im häuslichen Bereich gepflegt wird.

Die Höhe des Pflegegeldes ist abhängig vom Grad der Pflegebedürftigkeit und beträgt je Kalendermonat ab dem 01.01.2025

- 347,00 Euro im Pflegegrad 2,
- 599,00 Euro im Pflegegrad 3,
- 800,00 Euro im Pflegegrad 4 und
- 990,00 Euro im Pflegegrad 5.

In Anlehnung an das BSG-Urteil vom 25.10.1994 – 3/1 RK 51/93 – wird das Pflegegeld monatlich im Voraus gezahlt.

Pflegegeld ist kein Einkommen

Das an Pflegebedürftige gezahlte Pflegegeld und das Pflegegeld aus der PKV stellen keine Einnahmen zum Lebensunterhalt und kein Gesamteinkommen dar, das bei der Prüfung der Familienversicherung nach § 10 SGB V und bei der Belastungsgrenze nach § 62 SGB V zu berücksichtigen ist. Gleiches gilt in Bezug auf die Pflegeperson, und zwar ungeachtet dessen, ob der Pflegebedürftige das Pflegegeld in voller Höhe oder nur teilweise an die Pflegeperson weiterleitet (vgl. Art. 26 Nr. 1 PflegeVG; Urteil des BSG vom 08.12.1992 – 1 RK 11/92 –, USK 9273).

Etwas anderes gilt nur dann, wenn die Pflege im Rahmen eines zwischen Pflegebedürftigen und Pflegeperson bestehenden Beschäftigungsverhältnisses erbracht wird. Ggf. bestimmt sich die notwendige Berücksichtigung bei der Anwendung der §§ 10 und 62 SGB V nach dem vom Pflegebedürftigen gezahlten Arbeitsentgelt im Sinne des § 14 SGB IV und nicht danach, inwieweit dieses tatsächlich aus dem Pflegegeld bestritten wird.

Die voranstehenden Ausführungen gelten nicht für das Pflegeunterstützungsgeld. Dieses gilt als Lohnersatzleistung für entgangenes Arbeitsentgelt wie auch andere Entgeltersatzleistungen (z. B. Krankengeld, Kinderkrankengeld oder Verletztengeld) als Einnahme zum Lebensunterhalt. Somit wird das Pflegeunterstützungsgeld als Einkommen bei Sozialleistungen, deren Gewährung von anderen Einkommen abhängig ist, berücksichtigt.

Wird Pflegegeld nach § 37 SGB XI oder eine vergleichbare Geldleistung an eine Pflegeperson weitergeleitet, bleibt dies bei der Ermittlung von Unterhaltsansprüchen und Unterhaltsverpflichtungen der Pflegeperson unberücksichtigt.

Beispiel:

Das Ehepaar Meier ist geschieden. Die Frau betreut das gemeinsame behinderte Kind, das in Pflegegrad 4 eingestuft ist. Das Pflegegeld in Höhe von monatlich 800,00 Euro, das direkt auf das Konto der Frau überwiesen wird, darf nicht auf den Unterhaltsanspruch gegenüber dem geschiedenen Ehemann angerechnet werden. Das Pflegegeld mindert den Unterhaltsanspruch also nicht.

Diese Regelung steht nicht im unmittelbaren Zusammenhang mit den Anspruchsvoraussetzungen, der Höhe und der Zahlungsweise des Pflegegeldes. Nach den Gesetzesmaterialien soll sichergestellt werden, dass die Pflegeperson das Pflegegeld möglichst ungeschmälert erhält.

Steuerrechtliche Auswirkungen bei Bezug von Pflegegeld

Befreiung von der Einkommenssteuer

Die Weiterleitung des Pflegegeldes an die pflegende Person ist von der Einkommensteuer befreit. Der Gesetzgeber belohnt damit das pflegerische Engagement. Steuerbefreit sind Zahlungen an:

- Angehörige im Sinne von § 15 Abgabenordnung (Verlobte, Ehegatten, gleichgeschlechtliche Lebenspartner, Verwandte und Verschwägerte gerader Linie, Geschwister, Kinder der Geschwister, Ehegatten oder Lebenspartner der Geschwister und Geschwister der Ehegatten oder gleichgeschlechtliche Lebenspartner, Geschwister der Eltern, Pflegeeltern)
- andere Personen als Angehörige, die damit eine sittliche Pflicht erfüllen (z. B. Partner einer nichtehelichen Lebensgemeinschaft)

Nutzung des Pflegepauschbetrages

Zur Nutzung des Pflegepauschbetrages müssen folgende Voraussetzungen erfüllt sein:

- **Pflegebedürftigkeit:** Seit 2021 fordert das Finanzamt als Nachweis der Pflegebedürftigkeit eine Einstufung der Pflegekasse in einen der Pflegegrade 2 bis 5.
- **unentgeltliche Pflegeleistung:** Wichtigste Voraussetzung ist eine unentgeltliche Pflegeleistung. Das heißt, Sie dürfen für die Betreuung oder für die Pflegetätigkeit keine Bezahlung erhalten – auch kein Pflegegeld. Wenn Sie als pflegender Angehöriger durch einen ambulanten Pflegedienst bei der Pflege Ihres pflegebedürftigen Angehörigen unterstützt werden, können Sie trotzdem den Pflegepauschbetrag geltend machen. Ob Sie die Pflegeleistung über das ganze Jahr hinweg oder lediglich innerhalb eines kurzen Zeitfensters erbracht haben, ist für die Bewilligung des Pflegepauschbetrags unerheblich.
- **enge Beziehung zum Pflegebedürftigen:** Zwischen Ihnen als Pflegendem und dem Pflegebedürftigen muss eine enge Beziehung bestehen. Wer eine pflegebedürftige Person betreut, muss allerdings nicht zwingend mit ihr verwandt sein, um Anspruch

auf einen Pflegepauschbetrag zu haben. Das Finanzamt erkennt auch eine enge freundschaftliche Beziehung an. Dazu zählen z. B. Ehe- und Lebenspartner, Kinder, Enkel, Geschwister, Tante oder Onkel, Schwager oder Schwägerin, Schwiegereltern, Stiefeltern, gute Freunde oder Nachbarn.

- **Pflege in der häuslichen Umgebung:** Die Betreuung muss entweder in der Wohnung des Pflegebedürftigen oder in der Wohnung der pflegenden Person stattfinden

Höhe der Pflegepauschbeträge

Zum 01.01.2021 wurden die Pflegepauschbeträge erhöht und nun auch für die Pflegegrade 2 und 3 eingeführt. Die neuen Beträge betragen seit 2021

- bei Pflegegrad 2 600,00 Euro,
- bei Pflegegrad 3 1.100,00 Euro,
- bei Pflegegrad 4 oder 5 oder Merkzeichen H 1.800,00 Euro.

Voraussetzung für die Gewährung des Pflegepauschbetrags ist die Angabe der erteilten Steueridentifikationsnummer (§ 139b der Abgabenordnung) der gepflegten Person in der Einkommensteuererklärung des Steuerpflichtigen.

Wird ein Pflegebedürftiger von mehreren Steuerpflichtigen im Veranlagungszeitraum gepflegt, wird der Pflegepauschbetrag gemäß der Zahl der Pflegepersonen, bei denen die Voraussetzungen der Sätze 1 bis 4 vorliegen, aufgeteilt.

Wichtig: Der Verwendungszweck muss nachgewiesen werden können. Sinnvoll ist es daher, ein eigenes Konto einzurichten, auf das das Pflegegeld eingezahlt wird.

2.

Aufklärung, Auskunft

Aufklärungs-, Beratungs- und Auskunftsansprüche in der Sozialversicherung

Das Erste Buch des Sozialgesetzbuches (SGB I) regelt für alle weiteren Bücher des Sozialgesetzbuches und damit auch für die Soziale Pflegeversicherung (SGB XI) die rechtlichen Voraussetzungen über Aufklärung, Beratung und Auskünfte durch die Sozialleistungsträger. Es handelt sich dabei um die §§ 13–15 SGB I.

§ 13 SGB I regelt die Aufklärung. Die Leistungsträger, ihre Verbände und die sonstigen in diesem Gesetzbuch genannten öffentlich-rechtlichen Vereinigungen sind verpflichtet, im Rahmen ihrer Zuständigkeit die Bevölkerung über die Rechte und Pflichten nach diesem Gesetzbuch aufzuklären.

Unter Aufklärung ist die generelle, allgemeine Unterrichtung der Bevölkerung über soziale Rechte und Pflichten zu verstehen.

Nach § 14 SGB I hat jeder Versicherte Anspruch auf Beratung über seine Rechte und Pflichten nach diesem Gesetzbuch. Zuständig für die Beratung sind die Leistungsträger, denen gegenüber die Rechte geltend zu machen oder die Pflichten zu erfüllen sind. Das bedeutet, dass Pflegepersonen, die von der Versicherungspflicht in der Unfall- und Rentenversicherung sowie der Arbeitsförderung erfasst werden, sich an die Leistungsträger dieser Versicherungszweige wenden können, wenn sie Beratungsbedarf haben.

Nach § 15 SGB I sind die nach Landesrecht zuständigen Stellen, die Träger der gesetzlichen Krankenversicherung und der sozialen Pflegeversicherung, verpflichtet, über alle sozialen Angelegenheiten nach diesem Gesetzbuch Auskünfte zu erteilen. Die Auskunftspflicht erstreckt sich auf die Benennung der für die Sozialleistungen zuständigen Leistungsträger sowie auf alle Sach- und Rechtsfragen, die für die Auskunftssuchenden von Bedeutung sein können und zu deren Beantwortung die Auskunftsstelle imstande ist. Die Auskunftsstellen sind verpflichtet, untereinander und mit den anderen Leistungsträgern mit dem Ziel zusammenzuarbeiten, eine möglichst umfassende Auskunftserteilung sicherzustellen.

Häufig kann der Einzelne gar nicht überblicken, welche Sozialleistungen für ihn in Betracht kommen und an welchen Leistungsträger er sich wenden muss. Damit der Betroffene nicht von einer Institution an die nächste verwiesen wird und durch die Gliederung und Vielschichtigkeit des Sozialleistungssystems Nachteile erleidet, wurde dieses Kooperationsgebot in § 15 SGB I aufgenommen.

Folgen einer Pflichtverletzung

Der Versicherte darf sich auf eine unrichtige, missverständliche oder unvollständige Auskunft des Versicherungsträgers nicht verlassen, wenn er hierzu vorsätzlich oder grob fahrlässig beigetragen hat.

Bei der Auskunft handelt es sich um eine Verwaltungsäußerung ohne unmittelbare Rechtswirkung, in der die Verwaltung den Antragsteller über Sach- und Rechtsfragen aufklärt. War die Auskunft falsch, ist der Leistungsträger nicht verpflichtet, sich künftig entsprechend der Falschinformation und damit gesetzeswidrig zu verhalten.

Die Sozialversicherungsträger haben die Pflicht, nicht nur richtige, sondern auch klare und sachdienliche Auskünfte zu erteilen, damit der Versicherte entsprechend disponieren kann. Diese Pflicht ergibt sich aus einem konkreten – z. B. durch einen Sozialleistungsantrag begründeten – Sozialrechtsverhältnis. Verletzt ein Leistungsträger diese Verpflichtung, wird der Versicherte so gestellt, als wäre das Verwaltungshandeln korrekt gewesen, das heißt, er haftet nicht für die fehlerhafte Auskunft des Sozialversicherungsträgers.

Die Verletzung allgemeiner Aufklärungspflichten nach § 13 SGB I kann nur in besonders gelagerten Ausnahmefällen einen sozialrechtlichen Herstellungsanspruch nach sich ziehen. Zu berücksichtigen ist nämlich, dass die Verpflichtung des Trägers zur allgemeinen Aufklärung nach § 13 SGB I darauf abzielt, die Allgemeinheit in genereller Form über grundlegende sozialrechtliche Sachverhalte zu informieren. Der Aufklärungspflicht des jeweiligen Trägers steht kein individueller Aufklärungsanspruch des einzelnen Versicherten gegenüber, der verletzt werden und zu einem individuellen Ausgleich im Wege des sozialrechtlichen Herstellungsanspruchs führen könnte.

Lediglich dann, wenn ein Träger allgemeine Informationen herausgegeben hat, diese aber irreführend oder fehlerhaft sind und zu einem nachteiligen Verhalten des einzelnen Versicherten führen, kann im Einzelfall ein sozialrechtlicher Herstellungsanspruch gegeben sein.

Besondere Ausprägung in der sozialen Pflegeversicherung

Die Pflegekassen haben die Aufgabe, das von den Versicherten nach § 6 SGB XI erwartete eigenverantwortliche Handeln zu fördern. Dies erfolgt durch Aufklärung und Auskunft über Leistungen der Pflegeversicherung und anderer Träger im Rahmen von Mitgliederzeitschriften und Informationsbroschüren sowie persönlich durch Mitarbeiter der Pflegekassen. Hierzu gehören auch Auskünfte zu individuellen Leistungsansprüchen und vor Ort bestehenden Versorgungsstrukturen.

Aufklärung und Auskunft müssen ausdrücklich den Hinweis auf die unentgeltliche Pflegeberatung nach § 7a SGB XI, den nächstgelegenen Pflegestützpunkt nach § 7c SGB XI sowie die Leistungs- und Preisvergleichslisten beinhalten. Auf Anforderung des Antragstellers oder seiner Angehörigen hat die Pflegekasse die Leistungs- und Preisvergleichslisten in geeigneter Form zu übermitteln, das heißt per E-Mail oder auf dem Postweg zu schicken bzw. auszuhändigen.

Der Hinweis auf die Leistungs- und Preisvergleichslisten soll Transparenz hinsichtlich der bestehenden Versorgungsangebote, zwischen denen der Pflegebedürftige frei wählen kann, schaffen. Die Vergleichslisten müssen mindestens die geltenden Festlegungen der Vergütungsvereinbarungen mit zugelassenen Pflegeeinrichtungen sowie die regional verfügbaren Angebote zur Unterstützung im Alltag i. S. d. § 45a SGB XI enthalten.

Darüber hinaus hat die Pflegekasse auf ihrer Internetseite Informationen über die in ihren Verträgen zur integrierten Versorgung getroffenen Festlegungen zu Art, Inhalt und Umfang der Leistungen und der für die Versicherten entstehenden Kosten zu veröffentlichen.

Zudem sind der Versicherte, seine Angehörigen und sein Lebenspartner darüber aufzuklären, dass sie einen Anspruch auf Übermittlung des Gutachtens des MD oder des von der Pflegekasse beauftragten Gutachters sowie der gesonderten Präventions- und Rehabilitationsempfehlung gemäß § 18a Abs. 1 SGB XI haben.

Die Unterrichtung und Information haben in einfacher Sprache zu erfolgen, sodass diese auch für die Versicherten und ihre Angehörigen verständlich ist, deren Muttersprache nicht Deutsch ist. Dies gilt insbesondere auch für schriftliche Informationen der Pflegekassen.

Die Angehörigen bzw. Ehe- und Lebenspartner und beteiligte Dritte sind im Bedarfsfall einzubeziehen. Dies ist insbesondere gegeben, wenn

- die Pflege ehrenamtlich (z. B. von Angehörigen, Lebenspartnern oder Nachbarn) erbracht wird,
- die Art oder Schwere der Erkrankung eine Kontaktaufnahme mit dem Pflegebedürftigen erschwert oder
- eine Leistungspflicht nach § 44 SGB XI besteht.

Die Aufklärung/Auskunft hat unverzüglich zu erfolgen, damit ein nahtloser Übergang zur Pflege, insbesondere im häuslichen Bereich, sowie die bestmögliche frühzeitige Nutzung aller zur Verfügung stehenden Pflegeleistungen gewährleistet werden. Durch eine frühzeitige Aufklärung/Auskunft wird auch gewährleistet, dass der Pflegebedürftige z. B. vor Inanspruchnahme eines ambulanten Pflegedienstes selbst – ggf. unter Einbeziehung seiner Angehörigen und seines Lebenspartners – überprüfen kann, welches Angebot für ihn in seiner persönlichen Situation geeignet bzw. bedarfsgerecht ist.

Mit Einwilligung des Versicherten haben der behandelnde Arzt, das Krankenhaus, die Rehabilitations- und Vorsorgeeinrichtungen sowie die Sozialleistungsträger unverzüglich die zuständige Pflegekasse zu benachrichtigen, wenn sich der Eintritt von Pflegebedürftigkeit wegen der Art, Schwere oder Dauer einer Krankheit oder Behinderung abzeichnet oder wenn Pflegebedürftigkeit festgestellt wird. Nach Eingang dieser Information ist die Pflegekasse verpflichtet,

- den Versicherten, seine Angehörigen und seinen Lebenspartner aufzuklären,
- auf die in Frage kommenden Leistungen anderer Leistungsträger (z. B. geeignete Leistungen zur Rehabilitation) hinzuweisen,
- die anderen Leistungsträger entsprechend zu unterrichten und

- auf das Stellen von Leistungsanträgen sowohl bei ihr als auch bei anderen Leistungsträgern hinzuwirken.

Pflegeberatung

Der Anspruch auf Pflegeberatung soll mit Blick auf die Vielfalt der vorhandenen Versorgungsangebote dazu beitragen, jedem pflegebedürftigen Versicherten eine an seinem persönlichen Bedarf ausgerichtete, qualifizierte Pflege, Betreuung und Behandlung zukommen zu lassen. Mit dieser Zielsetzung ist die Pflegeberatung im Sinne eines individuellen Fallmanagements als Einzelfallhilfe auszugestalten und geht insoweit über den Aufklärungs- und Auskunftsauftrag nach § 7 SGB XI hinaus.

Anspruch auf Pflegeberatung haben Leistungsempfänger nach dem SGB XI sowie Antragsteller auf SGB-XI-Leistungen, die erkennbar einen Hilfebedarf (das heißt, es kann nicht von vornherein ausgeschlossen werden, dass eine Leistungsberechtigung nach SGB XI besteht) und entsprechenden Beratungsbedarf haben. Die Inanspruchnahme der Pflegeberatung ist freiwillig.

Die Pflegekassen sind dafür verantwortlich, dass für die Pflegeberatung ihrer Versicherten in ausreichendem Maße Pflegeberater zur Verfügung stehen. Der Anspruch auf Pflegeberatung besteht unmittelbar gegenüber der zuständigen Pflegekasse, unabhängig davon, ob in einem Land Pflegestützpunkte eingerichtet sind.

Vor der erstmaligen Beratung soll die Pflegekasse dem Pflegebedürftigen einen zuständigen Pflegeberater oder eine sonstige Beratungsstelle benennen. Die Pflegeberatung kann dem Versicherten in den Räumen der Pflegekasse angeboten werden, hat aber auf dessen Wunsch hin in seiner häuslichen Umgebung oder in einer Einrichtung, in der er lebt, zu erfolgen. Der Begriff „Einrichtung“ ist, entsprechend der Ausrichtung der Pflegeberatung, weit auszulegen. Dies kann ein Pflegeheim oder ein Wohnheim für Menschen mit Behinderung sein, aber auch ein Ort, an dem der Versicherte sich nur vorübergehend aufhält, z. B. eine Rehabilitationseinrichtung oder ein Krankenhaus. Auf Wunsch des pflegebedürftigen Versicherten hat die Pflegeberatung auch gegenüber seinen Angehörigen oder weiteren Personen, z. B. Pflege- oder

Betreuungskräften oder Nachbarn, bzw. unter deren Einbeziehung zu erfolgen.

Die Pflegekassen können zur Sicherstellung einer wirtschaftlichen Aufgabenwahrnehmung durch Pflegeberater Aufgaben ganz oder teilweise auf Dritte übertragen, z. B. auf Pflegeberatungsstellen, oder von der Möglichkeit der Beauftragung eines anderen Sozialleistungsträgers mit dessen Zustimmung Gebrauch machen. Dies können auch andere Pflegekassen oder Sozialhilfeträger sein. In diesen Fällen sind dem beauftragten Sozialleistungsträger die erbrachten Sozialleistungen sowie die entstandenen Kosten zu erstatten.

Sofern ein Pflegestützpunkt in der Nähe des Wohnorts des Pflegebedürftigen eingerichtet ist, muss die Pflegekasse sicherstellen, dass die Pflegeberatung auch dort in Anspruch genommen werden kann. Dies schränkt die Freiheit des Versicherten hinsichtlich der Inanspruchnahme der Pflegeberatung jedoch nicht ein. Auch wenn ein Pflegestützpunkt eingerichtet ist, muss sichergestellt sein, dass der Versicherte – sofern er es wünscht – die Pflegeberatung weiterhin bei seiner Pflegekasse erhalten kann.

Die Pflegekassen haben die Möglichkeit, sich zur Wahrnehmung ihrer Beratungsaufgaben aus ihren Verwaltungsmitteln an der Finanzierung und arbeitsteiligen Organisation von Beratungsaufgaben anderer Träger zu beteiligen.

Zur Stärkung der Selbstbestimmung von Menschen mit Behinderung und von Behinderung bedrohter Menschen steht mit der vom Bundesministerium für Arbeit und Soziales geförderten „ergänzenden unabhängigen Teilhabeberatung“ ein von den Leistungsträgern umzusetzendes Programm zur Verfügung.

Im Rahmen der Pflegeberatung ist ein Versorgungsplan zu erstellen bzw. ein bestehender Versorgungsplan zu aktualisieren.

Aufgabenschwerpunkte der Pflegeberatung können je nach Bedarf im Einzelfall in Abstimmung mit allen Beteiligten insbesondere sein:

- Feststellung der Hilfebedarfe im konkreten Einzelfall, in der Regel auf Basis des Gutachtens des MD oder des von der Pflegekasse beauftragten Gutachters

- Klärung von Ansprüchen und Entscheidungen über Leistungsanträge, soweit es den eigenen Kompetenzbereich betrifft; darüber hinaus das Hinwirken auf Leistungen anderer Träger
- Zusammenstellung und Sicherung von passgenauen gesundheitsfördernden, präventiven, kurativen, rehabilitativen oder sonstigen medizinischen sowie pflegerischen und sozialen Hilfen (Erstellen eines Versorgungsplans)
- Koordinierung und Steuerung der erforderlichen Hilfe- und Unterstützungsleistungen
- Nachsteuerung bei Veränderungen im Hilfebedarf
- Auswertung und Dokumentation des Hilfeprozesses bei besonders komplexen Fallgestaltungen
- Information über Leistungen zur Entlastung der Pflegepersonen

Soweit der vom zuständigen Pflegeberater betreute ratsuchende Leistungsbezieher oder seine gesetzliche Vertretung zustimmt, gehört es unter anderem auch zu den Aufgaben der Pflegeberatung, die Ergebnisse von Beratungseinsätzen nach § 37 Abs. 3 SGB XI darauf zu überprüfen, ob Anhaltspunkte für einen weiteren Hilfe- und Unterstützungsbedarf zur Stabilisierung der häuslichen Situation vorliegen. Die Pflegeberatung hat damit neben der Beratungs- auch weitgehende Unterstützungsfunktion. Diese ist jedoch ausschließlich auf die Feststellung, Steuerung und Planung von entsprechenden Sozialleistungen und ergänzenden Hilfen gerichtet und nicht als Alltagsbegleitung zu verstehen, die etwa im Bereich der Hauswirtschaft oder Betreuung anzusiedeln ist.

Neben den Leistungen der Pflegeversicherung werden in die Versorgungsplanung insbesondere Leistungen nach dem SGB V (z. B. häusliche Krankenpflege, Heil- und Hilfsmittel), SGB XII (z. B. Hilfe zur Pflege) sowie komplementäre Leistungen (z. B. Besuchs- oder Fahrdienste oder „Essen auf Rädern") einbezogen. Dabei ist eine enge Zusammenarbeit mit den zuständigen Sozialleistungsträgern sowie weiteren Beratungs- und Koordinierungsstellen sicherzustellen. Soweit ein Rehabilitationsbedarf in Betracht kommt, sollten ggf. auch die gemeinsamen Servicestellen nach §§ 22 ff. SGB IX eingebunden werden.

Wichtig: Vor dem Hintergrund des Selbstbestimmungsrechts des Versicherten und der weiterhin bei den jeweils zuständigen Leistungsträgern angesiedelten Kompetenz hinsichtlich der Leistungsentscheidungen hat der Versorgungsplan keinen zwingenden und rechtsverbindlichen, sondern lediglich einen empfehlenden Charakter.

In Konkretisierung zur allgemeinen Regelung des § 16 SGB I ist in § 7a Abs. 2 Satz 2 SGB XI explizit geregelt, dass Leistungsanträge nach dem SGB XI und SGB V auch gegenüber den Pflegeberatern gestellt werden können. Sofern der Pflegeberater nicht selbst entscheidungsbefugt ist, leitet er den Antrag an den zuständigen Leistungsträger weiter. Dies wird insbesondere bei der Pflegeberatung durch beauftragte Pflegeberater anderer Träger von Bedeutung sein. In diesen Fällen ist der Pflegeberater auch über die Leistungsentscheidung des zuständigen Trägers zu informieren.

Die Pflegekassen haben für die persönliche Beratung durch Pflegeberater entsprechend qualifiziertes Personal einzusetzen; insbesondere sind damit Pflegefachkräfte, Sozialversicherungsfachangestellte oder Sozialarbeiter mit der jeweils erforderlichen Zusatzqualifikation gemeint.

Beratungsgutscheine

Die Beratung pflegebedürftiger Menschen wurde mit der Einführung eines Case- und Care-Managements durch das Pflege-Weiterentwicklungsgesetz auf eine neue rechtliche Grundlage gestellt. In diesem Zusammenhang wurde unter anderem der Beratungsanspruch nach § 7a SGB XI mit dem Ziel geschaffen, sowohl eine frühzeitig einsetzende Beratung als auch eine dauerhafte Begleitung im Sinne eines Fallmanagements zu gewährleisten.

Die Pflegekassen bieten dem Antragsteller nach Eingang eines erstmaligen Antrags auf Leistungen der Pflegeversicherung sowie weiterer Anträge auf Leistungen einen konkreten Beratungstermin unter Angabe einer Kontaktperson an.

Alternativ stellen die Pflegekassen einen Beratungsgutschein aus, der bei einer Beratungsstelle innerhalb von zwei Wochen eingelöst werden kann. In dem Beratungsgutschein müssen Beratungsstellen benannt sein, bei denen die Einlösung des Beratungsgutscheins zu Lasten der Pflegekasse möglich ist.

Das Angebot setzt den Abschluss eines Vertrags mit den benannten Beratungsstellen voraus. Beratungsgutscheine sind nur dann auszustellen, wenn die Pflegekasse die Beratung nicht selbst anbietet. Die Entscheidung, ob sie einen Beratungsgutschein anbietet, obliegt der Pflegekasse.

Der Versicherte hat keinen Rechtsanspruch auf die Ausstellung eines Beratungsgutscheins, wenn die Pflegekasse einen konkreten Beratungstermin anbietet. Ebenso haben Anbieter von Beratungsleistungen keinen Anspruch auf Abschluss eines Beratungsstellenvertrages mit der Pflegekasse.

Gegenstand des Angebots ist die Durchführung einer Beratung nach § 7a SGB XI im Sinne einer individuellen Beratung und Hilfestellung bei der Auswahl und Inanspruchnahme von bundes- oder landesrechtlich vorgesehenen Sozialleistungen sowie sonstigen Hilfsangeboten, die auf die Unterstützung von Menschen mit Pflege-, Versorgungs- oder Betreuungsbedarf ausgerichtet ist.

Beabsichtigt die Pflegekasse das Beratungsangebot selbst umzusetzen, ist die Durchführung der Beratung nach § 7a SGB XI unter Angabe einer konkreten Kontaktperson innerhalb einer Frist von zwei Wochen anzubieten. Die Frist beginnt am Tag nach Eingang des Antrags. Fällt der Tag des Fristablaufs auf einen Sonntag oder Feiertag, läuft die Frist am darauffolgenden Werktag ab. Das Angebot ist konkret an den Antragsteller zu richten. Antragsteller ist immer der Versicherte, der den Antrag gestellt hat oder für den der Antrag von einem Dritten als Vertreter gestellt wurde.

Für das Angebot zur Durchführung der Pflegeberatung innerhalb von zwei Wochen ist es erforderlich, dem Versicherten einen konkreten Termin anzubieten. Um die Zeitplanung des Versicherten besser berücksichtigen zu können, ist statt einer Terminvergabe auch eine Terminvereinbarung möglich. Auf Wunsch des Versicherten kann der Beratungstermin auch außerhalb der Zwei-Wochen-Frist liegen. Über diese Möglichkeit ist der Versicherte zu informieren.

Die Pflegeberatung nach § 7a SGB XI erfolgt in der Geschäftsstelle, telefonisch oder auf Wunsch des Versicherten in der häuslichen Umgebung. Der Versicherte ist auf diese Möglichkeiten hinzuweisen.

Wichtig: Mit dem Gesetz zur Weiterentwicklung der Gesundheitsversorgung (GVWG) vom 20.07.2021 wurde die Pflicht zum Beratungsangebot ausgedehnt und konkretisiert, und zwar nicht nur bei konkreter Antragstellung des Versicherten, sondern auch bei einem erklärten Bedarf zur Begutachtung der Feststellung der Pflegebedürftigkeit. Es gelten hier die bereits beschriebenen Fristen und Regelungen.

Pflegekurse

Die Pflegekassen haben für ehrenamtlich Pflegende, und zwar nicht nur für Pflegepersonen im engen Sinne, Kurse durchzuführen, um die häusliche Pflege zu erleichtern und zu verbessern. Unbeachtlich ist auch, ob ein bereits zu pflegender Versicherter (schon) die Voraussetzungen nach den §§ 14 und 15 SGB XI erfüllt oder der Anspruch auf die Leistungen ruht. Letzteres ist der Fall, wenn Entschädigungsleistungen wegen Pflegebedürftigkeit

- nach dem Bundesversorgungsgesetz (BVG), z. B. Pflegezulage nach § 35 Abs. 1 BVG (nur für Personen, die bis 31.12.2023 Anspruch auf diese Geldleistung hatten), oder
- aus der gesetzlichen Unfallversicherung, z. B. Hauspflege oder Pflegegeld nach § 44 SGB VII,

gezahlt werden.

Beispiel:

Ein Versicherter hat wegen eines Arbeitsunfalls und daraus resultierender Pflegebedürftigkeit einen Anspruch auf Pflegegeld gegenüber der gesetzlichen Unfallversicherung. In diesem Fall ruht der Anspruch auf Leistungen gegenüber der Pflegekasse.

In diesen Kursen sollen Kenntnisse vermittelt oder vertieft werden, die zur Pflegetätigkeit in der häuslichen Umgebung des Pflegebedürftigen notwendig oder hilfreich sind. Auch die Unterstützung bei seelischen und körperlichen Belastungen, der Abbau von Versagensängsten, der Erfahrungsaustausch der Pflegepersonen untereinander, die Beratung über Pflegehilfsmittel, Rehabilitationsleistungen und die „Anwerbung" neuer ehrenamtlicher Pflegepersonen können Gegenstand der Kurse sein. Die Kurse umfassen nicht nur Hilfen zur Minderung seelischer und körperlicher Belastungen, sondern beugen ihrer Entstehung vor. Auf Wunsch der Pflegeperson kann die Schulung auch in der häuslichen Umgebung des Pflegebedürftigen stattfinden. Dies kann z. B. der Fall sein bei einer Unterweisung im Gebrauch von Hilfsmitteln oder bei bestimmten Pflegetätigkeiten. In diesen Fällen ist die Einwilligung des Pflegebedürftigen einzuholen.

Zur Einholung der Einwilligung sind bestimmte Vorgaben zu beachten. Demnach muss die Einwilligung in Textform vorliegen. In dieser muss der Name des Erklärenden genannt und die Erklärung durch Nachbildung der Namensunterschrift, d. h. die Ergänzung der Unterschrift in Druckbuchstaben, authentifiziert werden. Ist der Pflegebedürftige einwilligungsunfähig, ist die Einwilligung des hierzu Berechtigten (z. B. gesetzlicher Betreuer) einzuholen.

Die Pflegekasse kann die Kurse selbst oder in Zusammenarbeit mit anderen Pflegekassen durchführen oder andere Einrichtungen, wie Verbände der Freien Wohlfahrtspflege, Volkshochschulen, Nachbarschaftshilfegruppen oder Bildungsvereine, damit beauftragen, sofern diese hierfür geeignet sind.

Die Pflegekassen haben für die persönliche Beratung durch Pflegeberater entsprechend qualifiziertes Personal einzusetzen; insbesondere sind damit Pflegefachkräfte, Sozialversicherungsfachangestellte oder Sozialarbeiter mit der jeweils erforderlichen Zusatzqualifikation gemeint.

Praxis-Tipp:

Wenn Sie Interesse an einem Pflegekurs haben, lassen Sie sich von der Pflegekasse informieren, mit welchen Kursanbietern die entsprechenden Verträge geschlossen wurden. Falls Sie sich direkt an einen Kursanbieter wenden, klären Sie, ob ein Rahmenvertrag mit der Pflegekasse vorliegt. Bitte beachten

> *Sie: Die Kurse sind kostenlos bzw. werden über die Pflegekasse finanziert. Sie selbst müssen keine Kursgebühr entrichten.*

Nachweis eines Beratungseinsatzes bei Bezug von Pflegegeld

Pflegebedürftige, die Pflegegeld beziehen, haben je nach Pflegegrad halbjährlich (Pflegegrad 2 und 3) bzw. vierteljährlich (Pflegegrad 4 und 5) einen Beratungseinsatz durch eine Vertragspflegeeinrichtung, eine von der Pflegekasse beauftragte – jedoch von ihr nicht beschäftigte – Pflegefachkraft, einen Pflegeberater nach § 7a SGB XI, eine anerkannte Beratungsstelle oder Beratungspersonen der kommunalen Gebietskörperschaften mit nachgewiesener pflegefachlicher Kompetenz abzurufen.

Pflegebedürftige des Pflegegrades 1 können halbjährlich einen Beratungsbesuch in Anspruch nehmen. Die Inanspruchnahme der Beratungseinsätze ist für diesen Personenkreis nicht verpflichtend. Dies gilt gleichfalls für Pflegebedürftige der Pflegegrade 2 bis 5, die Pflegesachleistungen in Anspruch nehmen.

Pflegebedürftige, für die der Pauschbetrag nach § 43a SGB XI gezahlt wird und die sich an den Wochenenden oder in den Ferienzeiten im Haushalt der Familie befinden, können ein anteiliges Pflegegeld nach § 37 SGB XI beziehen. Diese müssen wie alle Kombinationsleistungsempfänger keinen Beratungseinsatz nachweisen.

Die Beratung ist an den jeweiligen individuellen Pflege- und Betreuungsbedarfen auszurichten. Sie soll den Pflegebedürftigen Hinweise zu Problemlagen im Zusammenhang mit körperlichen, kognitiven und psychischen Beeinträchtigungen ihrer Selbstständigkeit oder ihrer Fähigkeiten geben. Die Probleme der täglichen Pflege sollen erörtert und den Pflegebedürftigen und deren Angehörigen/Lebenspartnern bzw. Pflegepersonen konkrete Vorschläge unterbreitet werden. Die Beratungsbesuche sollen auch Kenntnis über weitergehende Beratungs- und Schulungsmöglichkeiten vermitteln. Es soll aktiv auf die Auskunfts-, Beratungs- und Informationsangebote des für den Pflegebedürftigen zuständigen Pflegestützpunktes und auf die Möglichkeit der Pflegeberatung nach § 7a SGB XI sowie der unentgeltlichen Inanspruchnahme von Pflegekursen nach § 45 SGB XI, auch in der eigenen Häuslichkeit, hingewiesen werden.

Die Informationen aus diesen Beratungseinsätzen sollen dazu beitragen, dass alle an der Pflege Beteiligten (insbesondere Pflegekasse, Krankenkasse, Träger der Sozialhilfe, aber auch Angehörige/Lebenspartner bzw. Pflegepersonen) im Rahmen eines Case-Managements ihre Möglichkeiten zur Verbesserung der individuellen Pflegesituation umfassend ausschöpfen. Nur bei konsequenter Nutzung dieser Möglichkeiten kann die Pflege im häuslichen Bereich entsprechend der Zielsetzung des Pflegeversicherungsgesetzes länger erhalten bleiben.

Mit der Durchführung des Beratungseinsatzes kann der Pflegebedürftige einen zugelassenen Pflegedienst seiner Wahl beauftragen, am besten jeweils denselben. So kann der Pflegedienst sicherstellen, dass der Beratungsbesuch möglichst auf Dauer von derselben Pflegefachkraft durchgeführt wird. Damit wird einerseits die Vertrauensbildung gefestigt und andererseits die Kontinuität und Effektivität der unterstützenden Beratung gewährleistet.

> ***Praxis-Tipp:***
>
> *Durch das Digitale-Versorgungs- und Pflege-Modernisierungs-Gesetz (DVMPG) wurde die Möglichkeit geschaffen, dass die Pflegeberatung nun auch dauerhaft im Rahmen einer Videosprechstunde erfolgen kann. Sprechen Sie hierzu mit Ihrer zuständigen Pflegekasse!*

Der Beratungseinsatz kann auch bei anerkannten Beratungsstellen mit nachgewiesener pflegefachlicher Kompetenz in Anspruch genommen werden. Mit diesen Anerkennungen soll das Beratungsangebot im Interesse der Pflegebedürftigen erweitert werden. Ebenfalls kann eine Beratungsperson der kommunalen Gebietskörperschaften (z. B. Gemeinde, Stadtverwaltung), die die erforderliche pflegefachliche Kompetenz aufweist, mit dem Beratungseinsatz beauftragt werden.

Kann vor Ort die Beratung durch zugelassene Pflegeeinrichtungen oder von den anerkannten Beratungsstellen nicht gewährleistet werden, kann der Beratungseinsatz auch bei einer von der Pflegekasse beauftragten, jedoch nicht bei ihr angestellten Pflegefachkraft abgerufen werden. Dies kann auch der Fall sein, wenn aufgrund der vorliegenden gesundheitlichen Beeinträchtigungen der Beratungsbesuch durch einen zugelassenen Pflegedienst aufgrund der erforderlichen Qualifikation der Pflegefachkraft nicht möglich ist. Im Hinblick auf den mit hohen physischen und psychischen Belastungen verbundenen Pflegealltag sollte insbesondere bei demenziell erkrankten Pflegebedürftigen der Beratungseinsatz durch Pflegefachkräfte mit gerontopsychiatrischer Zusatzausbildung erfolgen.

Sofern die Pflegeberatung nach § 7a SGB XI in Anspruch genommen wird und der Pflegeberater mit der persönlichen Pflegesituation des Pflegebedürftigen aufgrund einer in der häuslichen Umgebung durchgeführten Beratung vertraut ist, kann auf Wunsch des Pflegebedürftigen auch der Pflegeberater die vorgeschriebenen Beratungseinsätze durchführen und bescheinigen.

Die Beratungseinsätze sind in der Häuslichkeit des Pflegebedürftigen durchzuführen. Dies kann der eigene Haushalt, der Haushalt der Pflegeperson oder ein Haushalt sein, in dem der Pflegebedürftige aufgenommen wurde.

Der Pflegedienst, die beauftragte Pflegefachkraft und die anerkannte Beratungsstelle sowie die Beratungspersonen der kommunalen Gebietskörperschaften haben die bei dem Beratungseinsatz gewonnenen Erkenntnisse an die Pflegekasse des Pflegebedürftigen weiterzuleiten. Bei Beihilfeberechtigten erfolgt dies auch an die Beihilfefestsetzungsstelle. Die Mitteilung an die Pflegekasse ist nur mit Einverständnis des Pflegebedürftigen zulässig.

Erteilt die pflegebedürftige Person die Einwilligung nicht, ist jedoch nach Überzeugung der Beratungsperson eine weitergehende Beratung angezeigt, übermittelt die jeweilige Beratungsstelle diese Einschätzung über die Erforderlichkeit einer weitergehenden Beratung der zuständigen Pflegekasse. In diesem Fall hat die Pflegekasse dem Pflegebedürftigen eine Pflegeberatung nach § 7a SGB XI anzubieten und kann, sofern eine Beratung in Anspruch genommen wird, etwaige Anpassungen der Leistungen mit dem Pflegebedürftigen erörtern und ggf. einleiten.

Liegt eine akute Gefahrensituation (Gefahr im Verzug) vor, erfolgt die Weitergabe der Information, dass die Pflege nicht sichergestellt ist, auch ohne Einwilligung des Pflegebedürftigen. Eine akute Gefahrensituation liegt vor, wenn nach Einschätzung der Beratungsperson ein unmittelbarer Schaden für Leib oder Leben des Pflegebedürftigen droht, weshalb ein sofortiges Einschreiten notwendig erscheint. Unabhängig von der Weitergabe der Information an die Pflegekasse, hat die Beratungsperson in diesen Fällen unverzüglich einen Notdienst (ärztlicher Notdienst, Feuerwehr oder Polizei) zu benachrichtigen.

Die Vertragspflegeeinrichtung, die beauftragte Pflegefachkraft oder die anerkannte Beratungsstelle sowie die Beratungsperson der kommunalen Gebietskörperschaft (Stadt, Landkreis, Gemeinde) rechnen die Kosten des Beratungseinsatzes direkt mit der Pflegekasse ab. Dies gilt auch für Beratungseinsätze bei Pflegebedürftigen des Pflegegrades 1 sowie für Pflegebedürftige der Pflegegrade 2 bis 5, die ambulante Pflegesachleistungen in Anspruch nehmen.

Die Höhe der Vergütung der Beratung durch einen zugelassenen Pflegedienst oder durch eine von der Pflegekasse beauftragte Pflegekraft vereinbaren die Pflegekassen mit dem jeweiligen Träger.

Die Höhe der Vergütung wird landesindividuell zwischen den Landesverbänden der Pflegekassen und den ambulanten Pflegediensten vereinbart.Dabei können unterschiedliche Vergütungshöhen je nach Pflegegrad vereinbart werden. Diese Regelung gilt entsprechend für Pflegebedürftige der Pflegegrade 2 bis 5, die ambulante Pflegesachleistungen beziehen und den Beratungseinsatz nicht verpflichtend in Anspruch nehmen. Für Pflegebedürftige des Pflegegrades 1 gelten die landesweit vereinbarten Vergütungssätze entsprechend.

Bei den im Gesetz vorgesehenen Vergütungsbeträgen handelt es sich nicht um Fest-, sondern um Höchstbeträge.

Mit der Vergütung sind alle Kosten (z. B. Fahrkosten-/Hausbesuchspauschalen) abgegolten, das heißt, über diese Vergütung hinaus können keine zusätzlichen Beträge – weder gegenüber dem Pflegebedürftigen noch der Pflegekasse – abgerechnet werden.

Die Inanspruchnahme der verpflichtenden Beratungseinsätze ist gegenüber der Pflegekasse nachzuweisen. Sofern Pflegeberater eine qualifizierte Beratung im vorgenannten Sinne halb- bzw. vierteljährlich in der häuslichen Umgebung durchgeführt haben, gilt die Beratung als durchgeführt und der Nachweis als erbracht. Weist der Pflegebedürftige den Beratungseinsatz nicht nach, ist das Pflegegeld angemessen zu kürzen und im Wiederholungsfall zu entziehen. Als angemessen ist eine Kürzung des Pflegegeldes von 50 Prozent anzusehen. Hierbei ist die Situation im Einzelfall zu berücksichtigen.

Wichtig: Die Weiterleitung des Berichts an die Pflegekasse ist nur mit Einverständnis des Pflegebedürftigen bzw. seines gesetzlichen Vertreters zulässig. Wegen der dargestellten Sanktionsregeln (Kürzung/Streichung des Pflegegeldes) will es aber gut überlegt sein, dieser Weiterleitung zu widersprechen.

Aus verwaltungspraktikablen Gründen bietet sich bei der Nachweispflicht das Kalenderhalbjahr bzw. -vierteljahr an. Danach besteht die Nachweispflicht des Pflegebedürftigen jeweils für die Zeit vom 01.01. bis 30.06. und vom 01.07. bis 31.12. bzw. vom 01.01. bis 31.03., vom 01.04. bis 30.06., vom 01.07. bis 30.09. und vom 01.10. bis 31.12. Hierauf wird bereits im Bewilligungsbescheid aufmerksam gemacht. Insofern handelt es sich bei den Drei- bzw. Sechs-Monats-Fristen um starre, gleichbleibende Intervalle. Auch ein verspätet geführter Nachweis löst keine neue Frist aus.

Beispiel:

Pflegegeldbewilligung für den Pflegegrad 2 erfolgt mit Bescheid vom 15.03.

Ergebnis: Der Halbjahreszeitraum, innerhalb dessen ein Nachweis zu führen ist, läuft vom 01.07. bis 31.12. Der neue Sechs-Monats-Zeitraum beginnt am 01.01. und endet am 30.06. des Folgejahres.

Sofern der Nachweis nicht rechtzeitig der Pflegekasse vorliegt, ist das Pflegegeld angemessen (bis zu 50 Prozent) zu kürzen. Hierüber wird der Pflegebedürftige unmittelbar nach Ablauf der Drei- bzw. Sechs-Monats-Frist informiert.

Die Kürzung erfolgt ab dem 01. des auf die Mitteilung der Pflegekasse folgenden Monats.

3.

Auszeit vom Beruf

Vereinbarkeit von Pflege und Beruf

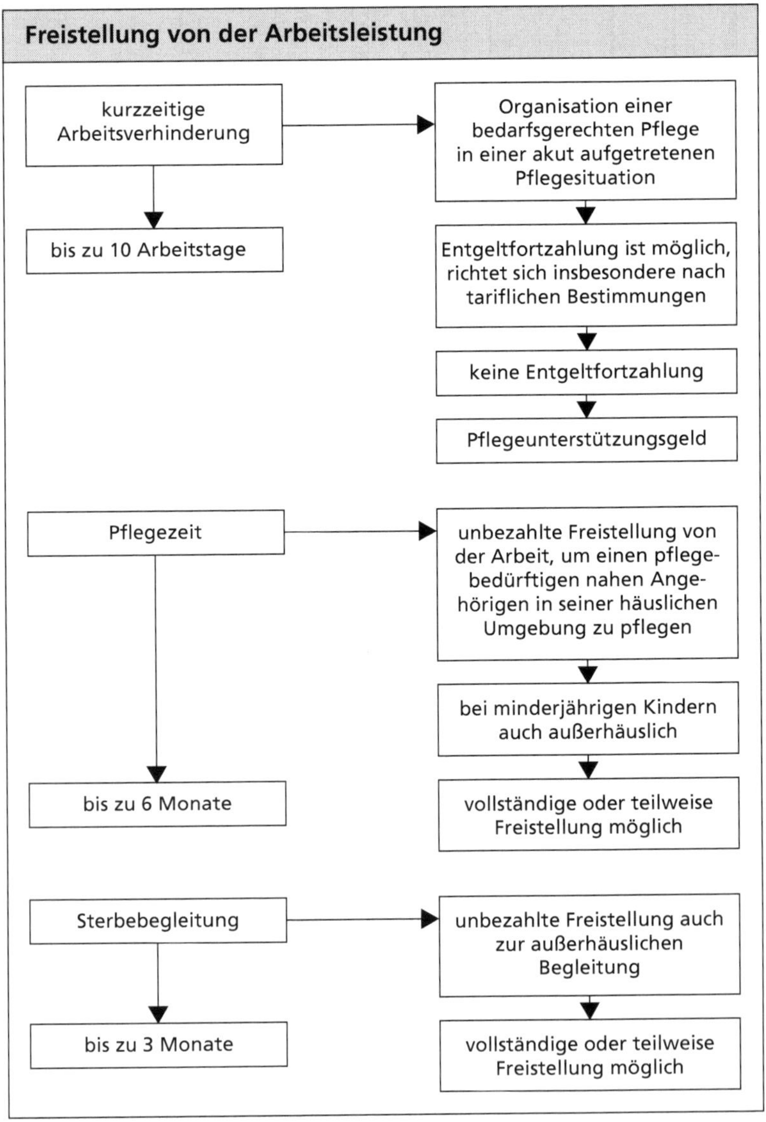

Nachdem der überwiegende Teil der zu pflegenden Menschen in Deutschland in häuslicher Umgebung gepflegt wird, war und ist einer der Eckpfeiler der Gesetzgebung im Bereich Pflege, die Rahmenbedingungen für die Vereinbarkeit von Beruf und familiärer Pflege zu verbessern.

Pflegezeitgesetz

Zum 01.07.2008 ist das Pflegezeitgesetz (PflegeZG) in Kraft getreten und seitdem durch mehrere gesetzliche Anpassungen nachjustiert worden.

Mit dem Pflegezeitgesetz wurde die Möglichkeit geschaffen, dass sich Arbeitnehmer aufgrund einer Pflegesituation für gewisse Zeiten freistellen lassen können. Dabei sind zwei Möglichkeiten zu unterscheiden, die im Folgenden noch detailliert dargestellt werden:

- kurzfristige Arbeitsverhinderung mit einer Freistellungsmöglichkeit von bis zu zehn Arbeitstagen
- Pflegezeit mit einer Freistellungsoption bis zu sechs Monaten; dabei gibt es noch zwei Unterarten:
  - Sterbebegleitung mit einer Freistellungsmöglichkeit bis zu drei Monaten
  - Pflege eines minderjährigen Kindes (auch außerhäuslich)

Familienpflegezeitgesetz

Das Gesetz über die Familienpflegezeit (FPfZG) ist am 01.01.2012 in Kraft getreten. Durch Gesetzesänderungen wurde es ab 2015 besser mit dem daneben bestehenden Pflegezeitgesetz verzahnt. Mit der Familienpflegezeit kann die Arbeitszeit für längstens 24 Monate reduziert werden; es handelt es sich um eine Art Zeitkontenmodell.

Pflegezeit und Familienpflegezeit können miteinander kombiniert werden bzw. aufeinander aufbauend genommen werden. Die beiden Gesetze müssen im Zusammenhang gesehen werden.

Im Pflegezeitgesetz und im Gesetz über die Familienpflegezeit werden dieselben Definitionen für „Beschäftigte“ und „naher Angehöriger“ verwendet. Sie werden deshalb im Folgenden erklärt.

Gemeinsame Begriffsdefinitionen

Beschäftigte

Das Familienpflegezeitgesetz und das Pflegezeitgesetz gelten ausschließlich für Beschäftigte. Beschäftigte in diesem Sinne sind:

- Arbeitnehmer
- Auszubildende
- Personen, die wegen ihrer wirtschaftlichen Unselbstständigkeit als arbeitnehmerähnliche Personen anzusehen sind (z. B. die in Heimarbeit Beschäftigten und die ihnen Gleichgestellten)

Zu den Arbeitnehmern in diesem Sinne zählen auch Teilzeitkräfte, geringfügig Beschäftigte (560-Euro-Jobs) und Aushilfen.

> **Wichtig:** Das Pflegezeitgesetz und das Familienpflegezeitgesetz gelten nicht für Beamte und Soldaten. Für diese gibt es in den beamtenrechtlichen Vorschriften des Bundes bzw. der Bundesländer eigenständige Regelungen.

Arbeitgeber

Arbeitgeber im Sinne der beiden Gesetze sind natürliche und juristische Personen sowie rechtsfähige Personengesellschaften, die vorstehend aufgezählte Personen beschäftigen. Für die arbeitnehmerähnlichen Personen, insbesondere für die in Heimarbeit Beschäftigten und die ihnen Gleichgestellten, tritt an die Stelle des Arbeitgebers der Auftraggeber oder Zwischenmeister.

Nahe Angehörige

Das Vorhandensein eines nahen Angehörigen ist wichtige Voraussetzung für Ansprüche nach dem Familienpflegezeitgesetz. Nahe Angehörige in diesem Sinne sind:

- Großeltern, Eltern, Schwiegereltern, Stiefeltern
- Ehegatten, Lebenspartner, Partner einer eheähnlichen oder lebenspartnerschaftsähnlichen Gemeinschaft

- Geschwister und verschwägerte Personen, also Ehegatten der Geschwister und Geschwister der Ehegatten, Lebenspartner der Geschwister und Geschwister der Lebenspartner
- Kinder, Adoptiv- oder Pflegekinder, die Kinder des Ehegatten oder Lebenspartners (also Stiefkinder), Schwiegerkinder und Enkelkinder

Kurzfristige Arbeitsverhinderung, Pflegeunterstützungsgeld

Die kurzfristige Arbeitsverhinderung ist eine Säule des Pflegezeitgesetzes und greift, wenn nach Akutereignissen ein Pflegebedarf plötzlich auftritt.

Danach haben Beschäftigte das Recht, bis zu zehn Arbeitstage der Arbeit fernzubleiben, wenn dies erforderlich ist, um

- für einen pflegebedürftigen nahen Angehörigen
- in einer akut aufgetretenen Pflegesituation

eine bedarfsgerechte Pflege zu organisieren oder eine pflegerische Versorgung in dieser Zeit sicherzustellen.

> **Wichtig:** Seit 01.01.2024 kann das Recht, der Arbeit bis zu zehn Tage fernzubleiben, einmal pro Jahr pro Pflegefall – also pro Pflegebedürftigem – ausgeübt werden. Die zehn Arbeitstage müssen dabei nicht vollständig genommen werden.

Allerdings müssen die Arbeitstage, an denen der Beschäftigte auf Grundlage des § 2 PflegeZG der Arbeit fernbleibt, zusammenhängen. Ansonsten fehlt es an der Erforderlichkeit, der Arbeit fernzubleiben. Bruchteile von Arbeitstagen, an denen der Beschäftigte der Arbeit fernbleibt, sind auf volle Arbeitstage aufzurunden, wenn sie mindestens einen halben Arbeitstag ergeben.

Für Teilzeitbeschäftigte, die nur an einer bestimmten Anzahl von Arbeitstagen der Woche regelmäßig beschäftigt sind, errechnet sich der Anspruch anteilsmäßig.

Eine gesetzliche Mindestgröße des Unternehmens, in dem der Beschäftigte arbeitet, gibt es nicht. Das bedeutet, dass jeder Beschäftigte bei Vorliegen der genannten Voraussetzungen für bis zu zehn Arbeitstage seiner Arbeit fernbleiben kann; dies gilt auch in Kleinbetrieben.

Der Beschäftigte muss den Arbeitgeber über die Arbeitsverhinderung und deren voraussichtliche Dauer unverzüglich informieren. Unverzüglich bedeutet ohne schuldhaftes Zögern, was sich nach dem jeweiligen Einzelfall bemisst. Eine Benachrichtigung des Arbeitgebers per Telefon, Fax, E-Mail oder SMS reicht aus. Sie muss so bald wie möglich erfolgen, in der Regel also am ersten Tag der Arbeitsverhinderung aufgrund des pflegebedingten Akutfalles.

Inhaltlich muss der Beschäftigte dem Arbeitgeber anzeigen, dass er aufgrund der Akutsituation von der Arbeit fernbleibt und wie lange sein Fernbleiben voraussichtlich dauern wird. Hier ein Beispiel, wie die Benachrichtigung formuliert werden kann:

Anzeige einer kurzzeitigen Arbeitsverhinderung

Sehr geehrte Damen und Herren,
hiermit setze ich Sie davon in Kenntnis, dass ich wegen einer akuten Pflegesituation kurzzeitig verhindert bin, meine Arbeitsleistung zu erbringen. Ich zeige hiermit eine kurzzeitige Arbeitsverhinderung nach § 2 Pflegezeitgesetz an.
Ich möchte die Pflege meines/r ... (Angabe des Familienverhältnisses, Name des Angehörigen) organisieren. Die akute Pflegesituation ist ab ... (Datum) gegeben und wird voraussichtlich bis zum ... (Datum) andauern.
Eine ärztliche Bescheinigung liegt bei.
(oder: Eine ärztliche Bescheinigung reiche ich auf Wunsch nach).
Mit freundlichen Grüßen

Der Beschäftigte hat auf Verlangen des Arbeitgebers eine ärztliche Bescheinigung vorzulegen. Aus der Bescheinigung sollte sich ergeben:

- die voraussichtliche Pflegebedürftigkeit des nahen Angehörigen
- die Erforderlichkeit der pflegerischen Maßnahmen

Die Nachweispflicht ist eine Nebenpflicht des Beschäftigten, deren Verletzung neben Schadenersatzansprüchen des Arbeitgebers eine Abmahnung zur Folge haben kann. Bei Nichtvorlage riskiert der Beschäftigte ferner, dass der Arbeitgeber das Vorliegen der Voraussetzungen des § 2 PflegeZG in Frage stellt und ggf. von einer rechtswidrigen Arbeitsverweigerung ausgeht.

Der Angehörige muss also pflegebedürftig bzw. „voraussichtlich" pflegebedürftig im Sinne der §§ 14, 15 SGB XI sein. Die Formulierung „voraussichtliche" Pflegebedürftigkeit in § 7 Abs. 4 SGB XI befreit den Angehörigen von dem Risiko eines unerlaubten vertragswidrigen Fernbleibens von der Arbeit, wenn sich im Nachhinein herausstellt, dass eine Pflegebedürftigkeit nicht vorliegt. Der Angehörige darf sich hier auf die Einschätzung des Arztes verlassen, wenn dieser das in der Bescheinigung bestätigt.

Das „erlaubte" Fernbleiben von der Arbeit setzt voraus, dass eine Pflegenotlage, das heißt eine akute Pflegesituation, vorliegt. Sie muss überraschend, unvorhersehbar und nicht planbar aufgetreten sein.

Zur Entgeltfortzahlung ist der Arbeitgeber nur verpflichtet, soweit sich eine solche Verpflichtung aus anderen gesetzlichen Vorschriften oder aufgrund einer Vereinbarung ergibt. Dies kann z. B. ein Tarifvertrag oder eine Betriebsvereinbarung sein.

Als gesetzliche Norm ist hier § 616 BGB zu nennen. Danach ist das Arbeitsentgelt vom Arbeitgeber weiterzuzahlen, wenn der Arbeitnehmer für eine verhältnismäßig nicht erhebliche Zeit aus in seiner Person liegenden Gründen die Arbeitsleistung nicht ausüben kann.

> ***Praxis-Tipp:***
>
> *Informieren Sie sich bei Ihrem Arbeitgeber oder dem Betriebs- bzw. Personalrat oder eventuell bei Ihrer Gewerkschaft über bestehende Ansprüche.*

Pflegeunterstützungsgeld als Entgeltersatzleistung bei kurzzeitiger Arbeitsverhinderung

Wie erwähnt, sieht das Pflegezeitgesetz für Beschäftigte im Rahmen der „kurzzeitigen Arbeitsverhinderung" nach § 2 die Möglichkeit vor, bis zu zehn Arbeitstage der Arbeit fernzubleiben, wenn dies erforderlich ist, um für einen pflegebedürftigen nahen Angehörigen in einer akut aufgetretenen Pflegesituation eine bedarfsgerechte Pflege zu organisieren oder eine pflegerische Versorgung in dieser Zeit sicherzustellen. Zudem regelt § 3 Pflegezeitgesetz einen Anspruch auf Befreiung von der Arbeitsleistung für längstens sechs Monate als sog. Pflegezeit.

Beschäftigte, die eine kurzzeitige Arbeitsverhinderung nach § 2 Pflegezeitgesetz für die Dauer von bis zu zehn Arbeitstagen in Anspruch nehmen, haben einen Anspruch auf Ausgleich für entgangenes Arbeitsentgelt gegenüber der Pflegekasse des Pflegebedürftigen, das Pflegeunterstützungsgeld.

Damit ist der Anspruch auf Akutereignisse begrenzt (z. B. die Organisation der pflegerischen Anschlussversorgung nach einem Krankenhausaufenthalt, bei akut eingetretener Pflegebedürftigkeit oder der plötzlichen Verschlimmerung einer bereits bestehenden Pflegebedürftigkeit). Die Pflegesituation ist nur akut, wenn sie plötzlich, also unerwartet und unvermittelt aufgetreten ist. In der Regel tritt dies zu Beginn einer Pflegebedürftigkeit und damit einmalig je Pflegebedürftigem ein, sodass der Anspruch auf Pflegeunterstützungsgeld an weniger als zehn Arbeitstagen bestehen kann. Das Pflegeunterstützungsgeld muss zudem nicht zusammenhängend in Anspruch genommen werden, sondern kann auf mehrere (Teil-)Zeiträume verteilt werden. Es gibt Fälle, in denen es erforderlich sein kann, die kurzzeitige Freistellung von der Arbeit und damit das Pflegeunterstützungsgeld in mehreren Teilleistungen in Anspruch zu nehmen. Dies gilt z. B. für Teilzeitbeschäftigte, die an nur zwei Tagen in der Woche arbeiten und das Pflegeunterstützungsgeld daher auf mehrere Teilzeiträume verteilen oder auch für Fälle einer lediglich tageweisen Freistellung. Allerdings muss es sich um ein und dasselbe Akutereignis handeln. Wird der Anspruch auf kurzzeitige Arbeitsfreistellung von mehreren Beschäftigten für einen pflegebedürftigen nahen Angehörigen geltend gemacht, ist deren Anspruch auf Pflegeunterstützungsgeld auf insgesamt bis zu zehn Arbeitstage begrenzt. Als Arbeitstag wird der Tag gezählt, an dem der Beschäftigte tatsächlich hätte arbeiten müssen.

Ein akuter Krankheitsfall des Pflegebedürftigen (z. B. Bronchitis, Magen-Darm-Erkrankung etc.) ist nicht anspruchsauslösend für die Gewährung des Pflegeunterstützungsgeldes. In diesen Fällen fehlt es grundsätzlich an der (Neu-)Organisation bzw. Sicherstellung der bedarfsgerechten Pflege bzw. der pflegerischen Versorgung.

Der vorübergehende Ausfall einer Pflegeperson (z. B. durch Krankheit oder Urlaub) kann nicht anspruchsbegründend für die Zahlung des Pflegeunterstützungsgeldes sein. Hierfür ist die Leistung der Verhinderungspflege nach § 39 SGB XI vorgesehen.

In Fällen, in denen die Pflegeperson jedoch gänzlich ausscheidet und die Pflege nicht mehr erbringt (z. B. Umzug oder Tod), kann Pflegeunterstützungsgeld auf Antrag gewährt werden, weil davon auszugehen ist, dass die pflegerische Versorgung neu organisiert werden muss.

Die kurzzeitige Freistellung dient dazu, dass sich nahe Angehörige in dieser Zeit beispielsweise über die Pflegeleistungsangebote informieren oder entsprechende Leistungsanträge bei den zuständigen Behörden stellen. Die kurzzeitige Arbeitsverhinderung kann ebenfalls genutzt werden, um für den pflegebedürftigen nahen Angehörigen nach einem Krankenhausaufenthalt eine sachgerechte Anschlussversorgung – z. B. durch die Beauftragung eines ambulanten Pflegedienstes – zu organisieren.

Nahe Angehörige von Pflegebedürftigen sind gemäß § 7 Abs. 3 Nr. 1 bis 3 Pflegezeitgesetz Großeltern, Eltern, Schwiegereltern, Stiefeltern, Ehegatten, Lebenspartner, Partner einer eheähnlichen oder lebenspartnerschaftsähnlichen Gemeinschaft, Geschwister, Schwägerinnen oder Schwäger, eigene Kinder oder Adoptiv- oder Pflegekinder oder die des Ehegatten oder Lebenspartners sowie die Schwiegerkinder und Enkelkinder.

Anspruchsberechtigt sind Arbeitnehmer, Auszubildende und Personen, die wegen ihrer wirtschaftlichen Unselbstständigkeit als arbeitnehmerähnliche Personen anzusehen sind. Zu diesen gehören insbesondere Heimarbeiter und ihnen Gleichgestellte (vgl. § 7 Abs. 1 Nr. 1 bis 3 PflegeZG). Arbeitnehmerähnliche Personen sind im Hinblick auf die Inanspruchnahme von Pflegezeit wegen ihrer wirtschaftlichen Abhängigkeit sozial ebenso schutzwürdig wie Arbeitnehmer. Auch geringfügig Beschäftigte und Rentner, die eine Beschäftigung ausüben, haben einen Anspruch auf Pflegeunterstützungsgeld, wenn sie während der Arbeitsverhinderung einen Verlust an Arbeitsentgelt haben. Für Selbstständige, Beamte sowie Bezieher von Leistungen nach SGB II und SGB III, die keine Beschäftigung gegen Arbeitsentgelt ausüben, besteht hingegen kein Anspruch auf Pflegeunterstützungsgeld.

Der Anspruch auf Pflegeunterstützungsgeld ist nachrangig gegenüber Leistungen des Arbeitgebers wegen Entgeltfortzahlung und gegenüber Kranken- oder Verletztengeld bei Erkrankung oder Unfall eines Kindes nach § 45 SGB V oder nach § 45 Abs. 4 SGB VII.

Sofern ein solcher Anspruch besteht, hat der wegen kurzzeitiger Arbeitsverhinderung nach dem Pflegezeitgesetz freigestellte Beschäftigte keinen Anspruch auf Pflegeunterstützungsgeld. Dies gilt auch für Auszubildende, bei denen nach § 19 Abs. 1 Nr. 2b Berufsbildungsgesetz (BBiG) die Vergütung bis zur Dauer von sechs Wochen zu zahlen ist, wenn sie aus einem in ihrer Person liegenden Grund unverschuldet verhindert sind, ihre Pflichten aus dem Berufsbildungsverhältnis zu erfüllen. Der bestehende Entgeltfortzahlungsanspruch durch den Arbeitgeber kann nicht abgedungen werden; ist also vorrangig vor dem Krankengeld nach § 45 SGB V zu erfüllen. Entsprechend der Anwendung des § 19 BBiG auf die Zahlung des Kinderkrankengeldes ist die Pflege eines nahen pflegebedürftigen Angehörigen als ein in der Person des Auszubildenden unverschuldeter Grund anzusehen. Für die Ausbildung im Gesundheitswesen findet jedoch das BBiG keine Anwendung (vgl. § 22 KrPflG, § 26 HebG, § 28 AltPflG), sodass hier die allgemeinen Voraussetzungen zum Anspruch auf Pflegeunterstützungsgeld gelten.

Antragsverfahren

Das Pflegeunterstützungsgeld wird nur auf Antrag gewährt. Dieser ist unverzüglich bei der Pflegekasse oder dem Versicherungsunternehmen des Pflegebedürftigen zu stellen. Hierdurch wird sichergestellt, dass in Fällen, in denen der Arbeitgeber auf ein entsprechendes ärztliches Attest verzichtet hat, die Pflegekasse des Pflegebedürftigen zeitnah ein ärztliches Attest verlangen kann. Das erforderliche ärztliche Attest kann nachgereicht werden. Für die Vorlage des ärztlichen Attests ist eine Kopie ausreichend. Aus dem ärztlichen Attest müssen folgende Angaben hervorgehen:

- Name des pflegebedürftigen nahen Angehörigen
- Vorliegen der Notwendigkeit zur Organisation oder Sicherstellung einer bedarfsgerechten Versorgung des Pflegebedürftigen in einer akut aufgetretenen Pflegesituation
- Zeitraum der kurzzeitigen Arbeitsverhinderung
- voraussichtliches Erfüllen der Voraussetzungen der Pflegebedürftigkeit i. S. d. §§ 14 und 15 SGB XI, sofern noch keine Feststellung der Pflegebedürftigkeit durch den MD oder den von der Pflegekasse beauftragten unabhängigen Gutachter getroffen wurde.

Es muss sich hierbei nicht um einen Vertragsarzt handeln. Die Kosten für die ärztliche Bescheinigung gehen zulasten des Antragstellers.

Die Pflegekasse des pflegebedürftigen nahen Angehörigen stellt dem Beschäftigten eine Entgeltbescheinigung zur Weiterleitung an den Arbeitgeber zur Verfügung. In den Fällen der Gewährung des Pflegeunterstützungsgeldes erfolgt kein Datenaustausch im Rahmen des Datenaustauschverfahrens Entgeltersatzleistungen mit Arbeitgebern (DTA EEL), z. B. analog dem Verfahren bei Krankengeld bei Erkrankung eines Kindes. Für den Nachweis des ausgefallenen Arbeitsentgelts hat der Beschäftigte die von seinem Arbeitgeber ausgefüllte Entgeltbescheinigung zur Berechnung des Pflegeunterstützungsgeldes einzureichen. Im Falle der arbeitnehmerähnlichen Personen, insbesondere für die in Heimarbeit Beschäftigten und die ihnen Gleichgestellten, ist die Entgeltbescheinigung durch den Auftraggeber oder den Zwischenmeister auszufüllen.

Höhe des Pflegeunterstützungsgeldes

Die Höhe des Pflegeunterstützungsgeldes berechnet sich nach den für die Berechnung des Kinderkrankengeldes geltenden Vorschriften nach § 45 Abs. 2 Satz 3 bis 5 SGB V. Das Pflegeunterstützungsgeld beträgt demnach 90 Prozent des tatsächlich ausgefallenen Nettoarbeitsentgelts aus beitragspflichtigem Arbeitsentgelt des Anspruchsberechtigten, bei Bezug von Einmalzahlungen in den vorangegangenen zwölf Kalendermonaten 100 Prozent des tatsächlich ausgefallenen Nettoarbeitsentgelts; es darf 70 Prozent der Beitragsbemessungsgrenze (BBG) nach

§ 223 Abs. 3 SGB V nicht überschreiten (BBG KV/PV im Jahr 2025 = 183,75 Euro; 70 Prozent von 183,75 Euro = 128,63 Euro).

Für die Gewährung des Pflegeunterstützungsgeldes ist es nicht erforderlich, dass bei dem pflegebedürftigen nahen Angehörigen bereits Pflegebedürftigkeit i. S. d. SGB XI festgestellt worden ist. Es muss auch nicht bereits ein Antrag auf Pflegeleistungen nach dem SGB XI vorliegen.

Entscheidend für die Zahlung des Pflegeunterstützungsgeldes ist, dass der behandelnde Arzt des (voraussichtlich) pflegebedürftigen nahen Angehörigen bestätigt hat, dass voraussichtlich die Voraussetzungen der Pflegebedürftigkeit i. S. d. §§ 14 und 15 SGB XI vorliegen. Über den Zeitraum des Bezugs und die Höhe des Pflegeunterstützungsgeldes stellt die Pflegekasse dem Pflegebedürftigen eine Bescheinigung gemeinsam mit der Leistungsbewilligung aus.

Die Bescheinigung enthält Angaben

- zum Beginn und Ende,
- zur Zahlungsweise (Arbeitstage oder Kalendertage) und
- zur Höhe des täglichen Netto und Brutto des Pflegeunterstützungsgeldes.

Diese Bescheinigung hat der Anspruchsberechtigte unverzüglich seinem Arbeitgeber bzw. Auftraggeber oder Zwischenmeister für die Entgeltabrechnung und Beitragszahlung vorzulegen.

Verstirbt der Pflegebedürftige während der kurzzeitigen Arbeitsverhinderung, endet der Anspruch auf Pflegeunterstützungsgeld mit dem Todestag. Die Pflegekasse zahlt das Pflegeunterstützungsgeld für die Zeit der kurzzeitigen Arbeitsverhinderung bis zum Todestag. Sofern das Pflegeunterstützungsgeld für den gesamten Freistellungszeitraum und damit über den Todestag hinaus ausgezahlt wurde, erfolgt keine Rückforderung des bereits zu viel gezahlten Pflegeunterstützungsgeldes.

Aus dem Pflegeunterstützungsgeld sind Beiträge zur Arbeitsförderung sowie zur Renten- und Krankenversicherung zu entrichten. Für Anspruchsberechtigte, die in der gesetzlichen Krankenversicherung versichert sind, werden die Beiträge zur gesetzlichen Krankenversicherung von der Pflegekasse und dem Pflegebedürftigen entrichtet. Privat Krankenversicherte erhalten auf Antrag Zuschüsse zur Krankenversicherung. Die Zuschüsse belaufen sich auf den Betrag, der bei Versicherungspflicht in der gesetzlichen Krankenversicherung als Leistungsträgeranteil nach § 249c SGB V aufzubringen wäre, und dürfen die tatsächliche Höhe der Beiträge nicht übersteigen. Pflichtmitglieder einer berufsständischen Versorgungseinrichtung, die von der Versicherungspflicht in der gesetzlichen Rentenversicherung befreit sind, werden mit Beziehern von Pflegeunterstützungsgeld, für die eine Pflichtversicherung in der gesetzlichen Rentenversicherung besteht, gleichgestellt.

Wird die Pflege des pflegebedürftigen nahen Angehörigen aufgrund der Verhinderung der Pflegeperson durch den Beschäftigten erbracht (§ 39 SGB XI), kann der Pflegebedürftige im Rahmen der Verhinderungspflege die pflegebedingten Aufwendungen in Höhe des 1,5-fachen Pflegegeldes geltend machen.

Der Verdienstausfall bis zu dem in § 39 Abs. 1 Satz 3 SGB XI genannten Leistungsbetrag in Höhe von 1.685,00 Euro kann nur in Fällen geltend gemacht werden, in denen der Beschäftigte für den geltend gemachten Zeitraum kein Pflegeunterstützungsgeld erhalten hat.

Die Verhinderungspflege nach § 39 SGB XI und das Pflegeunterstützungsgeld sind insofern gleichrangig, können aber nicht nebeneinander für den Ersatz des Verdienstausfalls in Anspruch genommen werden. Pflegebedingte Aufwendungen und nachgewiesene Fahrkosten können jedoch zusätzlich zum Pflegeunterstützungsgeld im Rahmen des in § 39 Abs. 1 Satz 3 sowie Abs. 2 SGB XI genannten Leistungsbetrags erstattet werden.

Die Ruhensvorschrift des § 34 Abs. 1 Nr. 2 SGB XI findet keine Anwendung. Befindet sich der Pflegebedürftige im Zeitraum der Arbeitsfreistellung beispielsweise in einer vollstationären Krankenhausbehandlung, wird bei Vorliegen einer akuten Pflegesituation i. S. d. § 2 Abs. 1 PflegeZG das Pflegeunterstützungsgeld gewährt.

Das Pflegeunterstützungsgeld stellt eine Geldleistung bei Pflegebedürftigkeit im Sinne der Verordnung (EG) 883/2004 des Europäischen Parlaments dar. Daher besteht ein Anspruch auf diese Leistung bei vorübergehendem oder dauerhaftem Aufenthalt des nahen pflegebedürftigen Angehörigen bzw. des Beschäftigten im EU-/EWR-Ausland oder der Schweiz. Bei der Prüfung, ob § 44a SGB XI in grenzüberschreitenden Sachverhalten Anwendung findet, ist entscheidend, ob der pflegebedürftige nahe Angehörige in Deutschland pflegeversichert ist. Wenn diese Voraussetzung erfüllt ist, wird in einem zweiten Schritt geprüft, ob der Beschäftigte einen Anspruch auf Pflegeunterstützungsgeld nach deutschem Recht hat.

Beschäftigte, die im EU-/EWR-Ausland oder der Schweiz einkommensteuerpflichtig sind, können durch Nachweis eines tatsächlich höheren Nettoarbeitsentgelts eine Neuberechnung des Pflegeunterstützungsgeldes beantragen, die zu einer ergänzenden Zahlung führen kann.

Da der Beschäftigte i. S. d. § 7 Abs. 1 Pflegezeitgesetz anspruchsberechtigt ist und nicht der Versicherte, muss für die Gewährung des Pflegeunterstützungsgeldes die Vorversicherungszeit nach § 33 SGB XI nicht erfüllt sein.

Hat der pflegebedürftige nahe Angehörige nach beamtenrechtlichen Vorschriften oder Grundsätzen bei Krankheit und Pflege Anspruch auf Beihilfe oder Heilfürsorge, so erhält der Beschäftigte das Pflegeunterstützungsgeld von der Pflegekasse in entsprechender Anwendung des § 28 Abs. 2 SGB XI zur Hälfte.

Das Pflegeunterstützungsgeld gilt als Einnahme zum Lebensunterhalt und wird somit als Einkommen bei Sozialleistungen, deren Gewährung von anderen Einkommen abhängig ist, entsprechend berücksichtigt.

Mehrere Antragsteller

Machen mehrere Arbeitnehmer den Anspruch auf kurzzeitige Arbeitsfreistellung für einen pflegebedürftigen nahen Angehörigen geltend, wird das Pflegeunterstützungsgeld gleichmäßig aufgeteilt.

Beispiel:

Bleibt Sohn A sechs Arbeitstage der Arbeit fern und Tochter B im Anschluss für acht Arbeitstage, erhält Sohn A für fünf Tage das Pflegeunterstützungsgeld und Tochter B ebenfalls für fünf Tage. Sohn A geht also für einen Arbeitstag, Tochter B für drei Arbeitstage leer aus.

Zuschüsse zur Krankenversicherung

Beschäftigte, die Pflegeunterstützungsgeld beziehen, erhalten für die Dauer des Leistungsbezugs auf Antrag Zuschüsse zur Krankenversicherung. Zuschüsse werden für eine Versicherung bei einem privaten Krankenversicherungsunternehmen, eine Versicherung bei der Postbeamtenkrankenkasse oder der Krankenversorgung der Bundesbahnbeamten gewährt.

Die Zuschüsse belaufen sich auf den Betrag, der bei Versicherungspflicht in der gesetzlichen Krankenversicherung als Leistungsträgeranteil nach § 249c SGB V aufzubringen wäre. Sie dürfen die tatsächlichen Beiträge nicht übersteigen.

§ 249c SGB V beschäftigt sich damit, wer die Beiträge zur Krankenversicherung bei Bezug von Pflegeunterstützungsgeld zu tragen hat. Für die Beitragsberechnung werden der allgemeine Beitragssatz der Krankenversicherung sowie der durchschnittliche Zusatzbeitragssatz zugrunde gelegt.

Die Beiträge sind von den Versicherten und der Pflegekasse je zur Hälfte zu tragen. Das gilt seit 01.01.2019 auch für den Zusatzbeitrag. Bei privat Pflegeversicherten tritt an die Stelle der Pflegekasse das private Versicherungsunternehmen.

Bescheinigung für Leistungsbezieher

Der Bezieher von Pflegeunterstützungsgeld hat Anspruch auf eine Bescheinigung, die ihm mit der Leistungsbewilligung auszustellen ist. Diese Bescheinigung enthält folgende Informationen:

- Zeitraum des Bezugs
- Höhe des Pflegeunterstützungsgeldes

Die Bescheinigung wird von der Pflegekasse oder dem privaten Versicherungsunternehmen ausgestellt.

Der Leistungsbezieher hat diese Bescheinigung unverzüglich (ohne schuldhaftes Zögern) seinem Arbeitgeber vorzulegen.

Auswirkungen der Zahlung von Pflegeunterstützungsgeld auf die Versicherungs- und Beitragspflicht in der Sozialversicherung

Die versicherungs- und beitragsrechtlichen Regelungen beim Bezug von Pflegeunterstützungsgeld orientieren sich an den Regelungen für das Krankengeld, mit der Besonderheit, dass aus dem Pflegeunterstützungsgeld im Regelfall Beiträge zur Kranken-, Renten- und Arbeitslosenversicherung, nicht jedoch zur Pflegeversicherung, zu entrichten sind. In der Pflegeversicherung ist – in Anlehnung an die Regelung zur Beitragsfreiheit in der Krankenversicherung für Krankengeld – Beitragsfreiheit bezogen auf das Pflegeunterstützungsgeld vorgesehen.

Nachfolgend werden die versicherungs- und beitragsrechtlichen Auswirkungen des Bezugs von Pflegeunterstützungsgeld in der gesetzlichen Kranken-, Pflege-, Renten- und Arbeitslosenversicherung beschrieben.

Kranken- und Pflegeversicherung

Für die Dauer des Bezugs von Pflegeunterstützungsgeld bleibt für die Personen, die versicherungspflichtiges Mitglied einer Kranken- und Pflegekasse sind, die Pflichtmitgliedschaft in der Krankenkasse und in der Pflegekasse erhalten.

Eine freiwillige Krankenversicherung und die darauf basierende Versicherungspflicht in der Pflegeversicherung werden durch den Bezug von Pflegeunterstützungsgeld nicht berührt.

Auf eine bestehende Familienversicherung nach § 10 SGB V hat der Bezug des Pflegeunterstützungsgeldes keine Auswirkungen.

In § 232b Abs. 1 SGB V wird bestimmt, dass bei Personen, die Pflegeunterstützungsgeld beziehen, 80 Prozent des während der Freistellung ausgefallenen, laufenden – auf die Beitragsbemessungsgrenze der Krankenversicherung begrenzten – (Brutto-)Arbeitsentgelts als beitragspflichtige Einnahmen gelten. Dabei wird nicht auf die Art des Versicherungsverhältnisses Bezug genommen, sodass diese Regelung für alle Mitglieder gilt, unabhängig davon, ob deren Mitgliedschaft nach § 192 SGB V fortbesteht oder – z. B. bei Mehrfachbeschäftigten

– nach anderen Vorschriften Versicherungspflicht besteht oder die Person freiwillig versichert ist. Die Regelung gilt selbst dann, wenn es sich um eine Freistellung in einer geringfügigen Beschäftigung handelt.

Besteht während des Bezugs von Pflegeunterstützungsgeld eine Familienversicherung, entfällt eine Beitragspflicht (vgl. § 3 Satz 3 SGB V).

Auch bei der Freistellung von einer Beschäftigung im Übergangsbereich (Arbeitsentgelt zwischen 556,01 Euro und 2.000,00 Euro), für die die Beitragsbemessung während der Beschäftigung aus der nach den besonderen beitragsrechtlichen Regelungen reduzierten beitragspflichtigen Einnahme erfolgt, ist für die Beitragsbemessung während des Bezugs von Pflegeunterstützungsgeld das tatsächliche (ausgefallene) Arbeitsentgelt maßgebend.

Einmalig gezahltes Arbeitsentgelt, das unter bestimmten Bedingungen zu einer Erhöhung des Pflegeunterstützungsgeldes führt, wirkt sich auf die Höhe der beitragspflichtigen Einnahmen nicht aus. Die Erhöhung des Pflegeunterstützungsgeldes hat allenfalls Einfluss auf den Beitragsanteil, den der Leistungsbezieher zu tragen hat.

Wird Pflegeunterstützungsgeld aufgrund der gleichzeitigen Freistellung von der Arbeit in mehreren Beschäftigungen bezogen, unterliegt dieses auch insoweit der Beitragspflicht, als es auf einer Freistellung in einer versicherungsfreien Beschäftigung beruht. Angesprochen sind hierbei Personen, die neben einer versicherungspflichtigen Hauptbeschäftigung eine geringfügig entlohnte Beschäftigung ausüben.

Für die Bemessung der Beiträge zur Krankenversicherung gilt im Regelfall der allgemeine Beitragssatz (2025: 14,6 Prozent). Hat das Mitglied dagegen vor dem Bezug des Pflegeunterstützungsgeldes keinen Anspruch auf Krankengeld, findet der ermäßigte Beitragssatz (2025: 14,0 Prozent) Anwendung.

Der Zusatzbeitrag ist in Höhe des kassenindividuellen Zusatzbeitragssatzes der Krankenkasse des Beziehers zu erheben. Dies gilt auch dann, wenn die kurzzeitige Arbeitsverhinderung in einer Beschäftigung stattfindet, in der der Zusatzbeitrag in Höhe des durchschnittlichen Zusatzbeitragssatzes zu erheben ist.

Die Tragung der Beiträge zur Krankenversicherung bei Bezug von Pflegeunterstützungsgeld ist an die Regelung zur Tragung der Beiträge zur Pflegeversicherung bei Bezug von Krankengeld angelehnt. Das heißt, die Beiträge werden, soweit sie auf die Leistung selbst entfallen, vom Leistungsbezieher einerseits und dem Leistungsträger bzw. den die Leistung gewährenden Stellen andererseits jeweils zur Hälfte getragen. Sind die beitragspflichtigen Einnahmen höher als die Leistung (Regelfall), wird der die Leistung überschreitende Beitrag von dem Leistungsträger bzw. jeweils anteilig von den die Leistung gewährenden Stellen getragen (§ 249c SGB V). Sofern ausnahmsweise das Pflegeunterstützungsgeld höher ist als die beitragspflichtige Einnahme, erfolgt die Beitragstragung vom Leistungsbezieher einerseits und dem Leistungsträger bzw. den die Leistung gewährenden Stellen andererseits jeweils zur Hälfte.

Rentenversicherung

Bezieher von Pflegeunterstützungsgeld der sozialen oder privaten Pflegeversicherung sind versicherungspflichtig in der Rentenversicherung, wenn sie im letzten Jahr vor Beginn der Leistung zuletzt rentenversicherungspflichtig waren, wobei sich der Jahreszeitraum um Anrechnungszeiten wegen des Bezugs von Bürgergeld verlängert. Ist die Vorpflichtversicherung erfüllt, tritt selbst dann Versicherungspflicht aufgrund des Bezugs von Pflegeunterstützungsgeld ein, wenn es allein aus einer geringfügigen Beschäftigung (auch bei Versicherungsfreiheit nach § 230 Abs. 8 SGB VI oder Befreiung von der Versicherungspflicht nach § 6 Abs. 1b SGB VI) resultiert.

Sind die Voraussetzungen der Vorpflichtversicherung nicht erfüllt, besteht die Möglichkeit der Antragspflichtversicherung nach § 4 Abs. 3 Satz 1 Nr. 1 SGB VI, über die grundsätzlich der Rentenversicherungsträger zu entscheiden hat. Die das Pflegeunterstützungsgeld zahlende Stelle weist den Leistungsbezieher dann auf die Antragsmöglichkeit und die nach § 4 Abs. 4 Satz 1 Nr. 2 SGB VI einzuhaltende Antragsfrist von drei Monaten nach Beginn der Leistung hin.

Die Versicherungspflicht nach § 3 Satz 1 Nr. 3 SGB VI oder § 4 Abs. 3 Satz 1 Nr. 1 SGB VI schließt eine Versicherungspflicht in der Rentenversicherung aufgrund anderer Pflichtversicherungsverhältnisse (Mehrfachversicherung) nicht aus.

Die Beiträge sind beim Bezug von Pflegeunterstützungsgeld von 80 Prozent des während der Freistellung ausgefallenen laufenden – auf die Beitragsbemessungsgrenze der Rentenversicherung begrenzten – (Brutto-)Arbeitsentgelts zu berechnen (§ 166 Abs. 1 Nr. 2f SGB VI).

Wird Pflegeunterstützungsgeld bezogen und besteht Versicherungspflicht in der Rentenversicherung kraft Gesetzes oder auf Antrag, ist das Pflegeunterstützungsgeld beitragspflichtig, auch wenn die Beschäftigung, auf der die Freistellung beruht, versicherungsfrei ist. Dies betrifft insbesondere Personen, die neben einer versicherungspflichtigen Hauptbeschäftigung eine geringfügig entlohnte (Neben-) Beschäftigung ausüben, in der Versicherungsfreiheit nach § 230 Abs. 8 SGB VI oder eine Befreiung von der Versicherungspflicht nach § 6 Abs. 1b SGB VI besteht.

Es findet die Beitragsbemessungsgrenze des Rechtskreises Anwendung, dem die Beschäftigung zuzuordnen ist, von der der Leistungsbezieher sich freistellen lässt. Bei einer Freistellung in mehreren Beschäftigungsverhältnissen, die in unterschiedlichen Rechtskreisen ausgeübt werden, ist die Beitragsbemessungsgrenze des Rechtskreises maßgebend, in dem die höchsten Arbeitsentgelte ausgefallen sind.

Für die Beitragsbemessung ist der Beitragssatz in der Rentenversicherung maßgebend, der für den Zeitraum gilt, für den das Pflegeunterstützungsgeld gewährt wird (2025: 18,6 Prozent).

Im Fall von durch Mehrfachversicherung neben dem Pflegeunterstützungsgeld erzielte beitragspflichtige Einnahmen wirken sich grundsätzlich nicht mindernd auf die beitragspflichtigen Einnahmen aus dem Pflegeunterstützungsgeld aus. Allerdings gilt auch in diesem Fall die Regelung des § 22 Abs. 2 SGB IV, wonach sich bei einer Überschreitung der Beitragsbemessungsgrenze durch beitragspflichtige Einnahmen aus mehreren Versicherungsverhältnissen die beitragspflichtigen Einnahmen im Verhältnis zueinander vermindern.

Die Beiträge aufgrund des Bezugs von Pflegeunterstützungsgeld sind für jeden Kalendertag der Versicherungspflicht zu zahlen. Da die Beitragspflicht aufgrund der kurzen Dauer der Leistung immer im Laufe eines Kalendermonats beginnt oder endet, ist für die Beitragsberechnung die tatsächliche Anzahl der Kalendertage des Bezugszeitraums maßgebend.

Die Tragung der Beiträge zur Rentenversicherung bei Bezug von Pflegeunterstützungsgeld richtet sich nach § 170 Abs. 1 Nr. 2 Buchstabe e SGB VI und ist an die Regelung zur Tragung der Beiträge bei Bezug von Krankengeld angelehnt. Das heißt, die Beiträge werden, soweit sie auf die Leistung selbst entfallen, vom Leistungsbezieher einerseits und dem Leistungsträger bzw. den die Leistung gewährenden Stellen andererseits jeweils zur Hälfte getragen. Sind die beitragspflichtigen Einnahmen höher als die Leistung (Regelfall), wird der die Leistung überschreitende Betrag von dem Leistungsträger bzw. den die Leistung gewährenden Stellen getragen. Sofern ausnahmsweise das Pflegeunterstützungsgeld höher ist als die beitragspflichtige Einnahme, erfolgt die Beitragstragung vom Leistungsbezieher einerseits und dem Leistungsträger bzw. den die Leistung gewährenden Stellen andererseits jeweils zur Hälfte.

Für den Fall, dass ein Träger der Rentenversicherung selbst Beihilfestelle ist, gelten die Beiträge zur Rentenversicherung ausdrücklich als gezahlt.

Sofern der Bezieher von Pflegeunterstützungsgeld Auszubildender ist und das der Leistung zugrunde liegende monatliche Arbeitsentgelt 325,00 Euro nicht übersteigt, werden die Beiträge von den Stellen, die die Leistung zu erbringen haben, allein getragen.

Bei Beteiligung einer Beihilfestelle an dem Pflegeunterstützungsgeld ist die Beihilfestelle auch anteilig an der Übernahme des auf die Leistung entfallenden Beitragsanteils („Trägeranteil") beteiligt. Das heißt, dass bei Beteiligung einer Pflegekasse und einer Beihilfestelle der Trägeranteil stets jeweils zur Hälfte von diesen Stellen zu tragen ist (vgl. § 28 Abs. 2 SGB XI). Bei beihilfeberechtigten Pflegebedürftigen, die Leistungsansprüche in der privaten Pflegepflichtversicherung haben, wird der Beitrag vom privaten Versicherungsunternehmen in tariflicher Höhe getragen. Der von der Beihilfestelle zu tragende Beitragsanteil richtet sich nach dem individuellen Beihilfesatz.

Arbeitslosenversicherung

Bezieher von Pflegeunterstützungsgeld von einer Pflegekasse, einem privaten Versicherungsunternehmen und gegebenenfalls einer Beihilfestelle sind in der Arbeitslosenversicherung versicherungspflichtig, wenn sie unmittelbar vor Beginn der Leistung arbeitslosenversicherungspflichtig waren, eine laufende Entgeltersatzleistung nach dem SGB III bezogen oder eine als Arbeitsbeschaffungsmaßnahme geförderte Beschäftigung ausgeübt haben, die ein Versicherungspflichtverhältnis oder den Bezug einer laufenden Entgeltersatzleistung nach dem SGB III unterbrochen haben (§ 26 Abs. 2 Nr. 2b SGB III).

Wegen der grundsätzlichen Versicherungsfreiheit von geringfügig Beschäftigten in der Arbeitslosenversicherung führt Pflegeunterstützungsgeld, das aufgrund einer Freistellung in einer versicherungsfreien geringfügigen Beschäftigung gewährt wird, nicht zur Versicherungspflicht in der Arbeitslosenversicherung. Dies gilt selbst dann, wenn die Freistellung in einer versicherungsfreien geringfügigen Beschäftigung erfolgt, die neben einer versicherungspflichtigen (Haupt-)Beschäftigung ausgeübt wird (§ 27 Abs. 2 Satz 1 zweiter Halbsatz SGB III). In der Arbeitslosenversicherung wird damit dem geltenden Recht Rechnung getragen, wonach geringfügige Beschäftigungen keinen Leistungsanspruch bei Arbeitslosigkeit begründen.

Die Versicherungspflicht nach § 26 Abs. 2 Nr. 2b SGB III schließt eine Versicherungspflicht in der Arbeitslosenversicherung aufgrund anderer Versicherungspflichtverhältnisse (Mehrfachversicherung) nicht aus.

Bezieher von Pflegeunterstützungsgeld von einer Pflegekasse, einem privaten Versicherungsunternehmen und ggf. einer Beihilfestelle sind in der Arbeitslosenversicherung versicherungspflichtig, wenn sie unmittelbar vor Beginn der Leistung arbeitslosenversicherungspflichtig waren, eine laufende Entgeltersatzleistung nach dem SGB III bezogen oder eine als Arbeitsbeschaffungsmaßnahme geförderte Beschäftigung ausgeübt haben, die ein Versicherungspflichtverhältnis oder den Bezug einer laufenden Entgeltersatzleistung nach dem SGB III unterbrochen hat (§ 26 Abs. 2 Nr. 2b SGB III).

Die Tragung der Beiträge zur Arbeitslosenversicherung bei Bezug von Pflegeunterstützungsgeld ist an die Regelung zur Tragung der Beiträge bei Bezug von Krankengeld angelehnt. Das heißt, die Beiträge werden, soweit sie auf die Leistung selbst entfallen, vom Leistungsbezieher einerseits und dem Leistungsträger bzw. den die Leistung gewährenden Stellen andererseits jeweils zur Hälfte getragen. Sind die beitragspflichtigen Einnahmen höher als die Leistung, wird der die Leistung überschreitende Betrag von dem Leistungsträger bzw. jeweils anteilig von den die Leistung gewährenden Stellen getragen. Sofern ausnahmsweise das Pflegeunterstützungsgeld höher ist als die beitragspflichtige Einnahme, erfolgt die Beitragstragung vom Leistungsbezieher einerseits und dem Leistungsträger bzw. den die Leistung gewährenden Stellen andererseits jeweils zur Hälfte.

Sofern das der Leistung zugrunde liegende monatliche Arbeitsentgelt 520,00 Euro nicht übersteigt, werden die Beiträge von den Stellen, die die Leistung zu erbringen haben, allein getragen. Da das Pflegeunterstützungsgeld, das aus der Freistellung in einer versicherungsfreien geringfügigen Beschäftigung resultiert, nicht zur Versicherungspflicht führt und folglich nicht zur Beitragspflicht herangezogen wird, kommt diese Regelung in der Arbeitslosenversicherung nur bei Auszubildenden mit einem Arbeitsentgelt bis 325,00 Euro monatlich (die von dieser Versicherungsfreiheit ausgenommen sind) zum Tragen, wodurch eine Gleichstellung mit der Kranken- und Rentenversicherung erreicht wird.

Bei Beteiligung einer Beihilfestelle an dem Pflegeunterstützungsgeld ist die Beihilfestelle auch anteilig an der Tragung des auf die Leistung entfallenden Beitragsanteils („Trägeranteil") beteiligt. Für die anteilige Aufteilung der Beiträge gelten grundsätzlich die für die anteilige Aufteilung der Leistung gemachten Aussagen entsprechend. Das heißt, dass bei Beteiligung einer Pflegekasse und einer Beihilfestelle der Trägeranteil stets jeweils zur Hälfte von diesen Stellen zu tragen ist (vgl. § 28 Abs. 2 SGB XI). Bei beihilfeberechtigten Pflegebedürftigen, die Leistungsansprüche in der privaten Pflegepflichtversicherung haben, wird der Beitrag vom privaten Versicherungsunternehmen in tariflicher Höhe getragen. Der von der Beihilfestelle zu tragende Beitragsanteil richtet sich nach dem individuellen Beihilfesatz.

Sind von der Bundesagentur für Arbeit als Beihilfestelle nach § 347 Nr. 6b Buchstabe c SGB III Beiträge zur Arbeitslosenversicherung zu tragen, gilt in Anlehnung an § 28e Abs. 1 Satz 3 SGB IV der Beitragsanteil als gezahlt. Mit der Fiktion der Beitragszahlung wird erreicht, dass die Bundesagentur für Arbeit in ihrer Funktion als Beihilfestelle keine Beiträge an sich als Einzugsstelle zahlen muss.

Pflegezeit

Ziel des Pflegezeitgesetzes ist es, Beschäftigten die Möglichkeit zu eröffnen, pflegebedürftige nahe Angehörige in häuslicher Umgebung zu pflegen und damit die bessere Vereinbarkeit von Beruf und Pflege zu ermöglichen.

Ein Anspruch auf Pflegezeit besteht nur für Beschäftigte, nicht hingegen für Beamte. Eine Wartezeit für die Inanspruchnahme der Pflegezeit oder eine bestimmte Mindestdauer des Bestehens eines Arbeitsverhältnisses ist nicht erforderlich. Die Pflegezeit kann somit sofort nach Beginn des Arbeitsverhältnisses beantragt werden.

Wichtig: Das Pflegezeitgesetz ist ein Arbeitnehmerschutzgesetz, das zugunsten der Beschäftigten einseitig zwingend ist. Es kann dadurch nicht zuungunsten des Beschäftigten abgewichen werden. Dies gilt insbesondere für Regelungen in:

- Tarifverträgen
- Betriebsvereinbarungen
- einzelvertraglichen Vereinbarungen

Besondere Fälle der Pflegezeit

Seit dem 01.01.2015 besteht in zwei weiteren Fällen eine Möglichkeit der Freistellung:

- Beschäftigte sind von der Arbeitsleistung vollständig oder teilweise freizustellen, wenn sie einen minderjährigen pflegebedürftigen nahen Angehörigen in häuslicher oder außerhäuslicher Umgebung betreuen. Beschäftigte können diesen Anspruch wahlweise statt des Anspruchs auf Pflegezeit geltend machen.

- Beschäftigte sind zur Begleitung eines nahen Angehörigen von der Arbeitsleistung vollständig oder teilweise freizustellen, wenn dieser an einer Erkrankung leidet, die progredient verläuft und bereits ein weit fortgeschrittenes Stadium erreicht hat, bei der eine Heilung ausgeschlossen und eine palliativmedizinische Behandlung notwendig ist und die lediglich eine begrenzte Lebenserwartung von Wochen oder wenigen Monaten erwarten lässt. Beschäftigte haben diese gegenüber dem Arbeitgeber durch ein ärztliches Zeugnis nachzuweisen. § 45 SGB V bleibt unberührt.

Freistellungsanspruch

Das Pflegezeitgesetz normiert für die Beschäftigten einen arbeitsrechtlichen Anspruch auf Freistellung von der Arbeit. Diese Freistellung kann

- vollständig oder
- teilweise

erfolgen, wenn sie einen nahen pflegebedürftigen Angehörigen in häuslicher Umgebung über einen längeren Zeitraum pflegen (Pflegezeit). Der Anspruch ist auf die Höchstdauer von sechs Monaten begrenzt.

> **Wichtig:** Der Anspruch besteht nicht gegenüber Arbeitgebern mit in der Regel 15 oder weniger Beschäftigten. Teilzeitbeschäftigte und Auszubildende werden dabei als sogenannte Kopfzahlen berücksichtigt, das heißt, sie zählen voll mit.

Die Beschäftigten haben die Pflegebedürftigkeit des nahen Angehörigen durch Vorlage einer Bescheinigung

- der Pflegekasse oder
- des Medizinischen Dienstes nachzuweisen.

Bei in der privaten Pflegepflichtversicherung versicherten Pflegebedürftigen ist ein entsprechender Nachweis zu erbringen.

Wurde die Inanspruchnahme von Pflegezeit nach dem Pflegezeitgesetz gegenüber dem Arbeitgeber angekündigt, hat die Pflegekasse eine

Begutachtung durch den MD oder einen anderen Gutachter spätestens innerhalb von zwei Wochen nach Eingang des Antrags durchzuführen.

Der Antragsteller ist durch den MD oder den beauftragten Gutachter unverzüglich schriftlich darüber zu informieren, welche Empfehlung an die Pflegekasse weitergeleitet wird.

Rechtzeitige Ankündigung notwendig

Wer Pflegezeit beanspruchen will, muss dies dem Arbeitgeber spätestens zehn Arbeitstage vor Beginn in Textform ankündigen und gleichzeitig erklären, für welchen Zeitraum und in welchem Umfang die Freistellung von der Arbeitsleistung in Anspruch genommen werden soll.

Was heißt Textform?

Nach § 126b BGB muss die Erklärung in einer Urkunde oder auf andere zur dauerhaften Wiedergabe in Schriftzeichen geeignete Weise abgegeben werden. Die Person des Erklärenden muss genannt und der Abschluss der Erklärung durch Nachbildung der Namensunterschrift oder anders erkennbar gemacht werden, d. h. durch eine lesbare Erklärung in Schriftzeichen. **Nicht** erforderlich ist eine handschriftliche Unterschrift.

Beispiele: Nachricht per Telefax, Brief ohne Unterschrift, Kopie des Originals, E-Mail, SMS

Problem: Nachrichten durch Messengerdienste evtl. abänderbar

Enthält die Ankündigung keine eindeutige Festlegung, ob die oder der Beschäftigte Pflegezeit oder Familienpflegezeit in Anspruch nehmen will, und liegen die Voraussetzungen beider Freistellungsansprüche vor, gilt die Erklärung als Ankündigung von Pflegezeit.

Wenn nur teilweise Freistellung in Anspruch genommen wird, ist auch die gewünschte Verteilung der Arbeitszeit anzugeben. Arbeitgeber und Beschäftigte haben dann über die Verringerung und die Verteilung der Arbeitszeit eine schriftliche Vereinbarung zu treffen. Bei der teilweisen Freistellung bleibt der Arbeitnehmer also nicht während der gesamten Pflegezeit der Arbeit fern, sondern beispielsweise nur

- einige Stunden am Tag oder
- einige Tage in der Woche.

Wichtig: Hierbei hat der Arbeitgeber den Wünschen der Beschäftigten zu entsprechen, es sei denn, dass dringende betriebliche Gründe entgegenstehen. Diese Regelung ist dem Bundeselterngeld- und Elternzeitgesetz nachgebildet.

Die vorstehende Regelung soll einerseits den Arbeitgeber vor Überforderung schützen, andererseits soll aber nicht jeder Ablehnungsgrund ausreichen. Es muss sich um gewichtige Gründe handeln, die Vorrang vor dem Interesse an der häuslichen Pflege haben.

Beansprucht der Beschäftigte nach der Pflegezeit Familienpflegezeit oder eine Freistellung zur Pflege oder Betreuung desselben pflegebedürftigen Angehörigen, muss sich die Familienpflegezeit bzw. die Freistellung unmittelbar an die Pflegezeit anschließen.

In einem solchen Fall soll der Beschäftigte möglichst frühzeitig erklären, ob er Familienpflegezeit oder eine Freistellung nach § 2 Abs. 5 FPfZG in Anspruch nehmen will.

Wichtig: Die Ankündigung muss dann allerdings spätestens drei Monate vor Beginn der Familienpflegezeit erfolgen.

Wird Pflegezeit nach einer Familienpflegezeit oder einer Freistellung in Anspruch genommen, ist die Pflegezeit in unmittelbarem Anschluss an die Familienpflegezeit oder die Freistellung zu beanspruchen und dem Arbeitgeber spätestens acht Wochen vor Beginn der Pflegezeit schriftlich anzukündigen.

Mögliche Dauer der Pflegezeit

Die Pflegezeit beträgt für jeden pflegebedürftigen nahen Angehörigen längstens sechs Monate (Höchstdauer).

Für einen kürzeren Zeitraum in Anspruch genommene Pflegezeit kann bis zur Höchstdauer verlängert werden, wenn der Arbeitgeber zustimmt. Eine Verlängerung bis zur Höchstdauer kann verlangt werden, wenn ein vorgesehener Wechsel in der Person des Pflegenden aus einem wichtigen Grund nicht erfolgen kann.

Beispiel:

Die Person, die die Pflege des pflegebedürftigen Angehörigen übernehmen sollte, ist selbst schwer erkrankt.

Pflegezeit und Familienpflegezeit dürfen gemeinsam die Gesamtdauer von 24 Monaten je pflegebedürftigem nahen Angehörigen nicht überschreiten.

Wichtig: Die Pflegezeit wird auf Berufsbildungszeiten nicht angerechnet.

Grundsätzlich können Beschäftigte die Pflegezeit nicht einseitig beenden. Ist sie also einmal mit dem Arbeitgeber vereinbart, muss sie so auch durchgeführt werden. Allerdings gibt es davon Ausnahmen: Ist der nahe Angehörige nicht mehr pflegebedürftig oder die häusliche Pflege des nahen Angehörigen unmöglich oder unzumutbar, endet die Pflegezeit vier Wochen nach Eintritt der veränderten Umstände.

Eine Unmöglichkeit liegt z. B. vor, wenn der nahe Angehörige vor Ablauf der Pflegezeit verstirbt oder in eine stationäre Pflegeeinrichtung aufgenommen werden muss.

Eine Unzumutbarkeit kann beispielsweise vorliegen, wenn aufgrund unvorhergesehener persönlicher Umstände die Finanzierung der Pflegezeit nicht mehr gesichert und der Beschäftigte auf die regelmäßige Arbeitsvergütung angewiesen ist.

Der Arbeitgeber ist über die veränderten Umstände unverzüglich zu unterrichten. Im Übrigen kann die Pflegezeit nur vorzeitig beendet werden, wenn der Arbeitgeber zustimmt.

Befristete Vertretung möglich

Wenn zur Vertretung eines Beschäftigten für die Dauer der kurzzeitigen Arbeitsverhinderung oder der Freistellung ein Arbeitnehmer eingestellt wird, liegt hierin ein sachlicher Grund für die Befristung des Arbeitsverhältnisses.

Über die Dauer der Vertretung hinaus ist die Befristung für notwendige Zeiten einer Einarbeitung zulässig.

Die Dauer der Befristung des Arbeitsvertrags muss kalendermäßig bestimmt oder bestimmbar sein oder den genannten Zwecken zu entnehmen sein. Damit soll gewährleistet sein, dass der Endzeitpunkt des befristeten Arbeitsverhältnisses für die Vertragsparteien von Anfang an klargestellt ist.

Der Arbeitgeber kann den befristeten Arbeitsvertrag unter Einhaltung einer Frist von zwei Wochen kündigen, wenn die Pflegezeit des Beschäftigten vorzeitig endet. Das Kündigungsschutzgesetz ist in diesen Fällen nicht anzuwenden. Damit soll vermieden werden, dass bei einer vorzeitigen Rückkehr des bisher Beschäftigten der Arbeitgeber gleichzeitig beide Arbeitnehmer entlohnen muss.

Soziale Absicherung während der Pflegezeit

Arbeitslosenversicherung

Versicherungspflichtig sind Personen in der Zeit, in der sie als Pflegeperson einen Pflegebedürftigen mit mindestens Pflegegrad 2 nicht erwerbsmäßig wenigstens zehn Stunden wöchentlich, verteilt auf regelmäßig mindestens zwei Tage in der Woche, in seiner häuslichen Umgebung pflegen und Leistungen aus der Pflegeversicherung oder Hilfe zur Pflege nach dem Zwölften Buch oder gleichartige Leistungen nach anderen Vorschriften beziehen.

Voraussetzung ist, dass sie

- unmittelbar vor Beginn der Pflegetätigkeit versicherungspflichtig waren oder
- Anspruch auf eine laufende Entgeltersatzleistung nach SGB III hatten.

Versicherungspflicht besteht auch, wenn die Voraussetzungen durch die Pflege mehrerer Pflegebedürftiger erfüllt werden.

Die Versicherungspflicht besteht nicht, wenn eine Versicherungspflicht nach anderen Vorschriften des SGB III vorhanden ist. Das Gleiche gilt, wenn nach der Zeit der Pflege Anspruch auf Entgeltersatzleistungen nach dem SGB III besteht.

Trifft eine Versicherungspflicht während der Pflegezeit mit einer Versicherungspflicht wegen Kindererziehung zusammen, hat die Versicherungspflicht aufgrund der Kindererziehung Vorrang.

Besteht Versicherungspflicht kraft Gesetzes, trägt die Pflegekasse die Beiträge. Für Personen, die in der privaten Pflegeversicherung versichert sind, ist das Versicherungsunternehmen zur Beitragszahlung verpflichtet. Werden Beihilfeleistungen oder freie Heilfürsorge gewährt, trägt die leistende Stelle die Beiträge.

Die Vorschriften über die Versicherungspflicht in der Arbeitslosenversicherung bezwecken, den Anspruch auf Arbeitslosengeld während einer Pflegezeit aufrechtzuerhalten.

Krankenversicherung

In der gesetzlichen Krankenversicherung ist versicherungsfrei, wer mit seinem Arbeitsentgelt die Jahresarbeitsentgeltgrenze (2025: 73.800,00 Euro) übersteigt.

Auf Antrag wird von der Versicherungspflicht befreit, wer dadurch versicherungspflichtig wird, dass durch Herabsetzung der regelmäßigen Wochenarbeitszeit während einer Freistellung nach § 3 des Pflegezeitgesetzes oder der Familienpflegezeit nach § 2 des Familienpflegezeitgesetzes sein Arbeitsentgelt unter die Jahresarbeitsentgeltgrenze fällt; die Befreiung von der Versicherungspflicht erstreckt sich nur auf die Dauer einer Freistellung oder die Dauer der Familienpflegezeit.

Der Antrag ist innerhalb von drei Monaten nach Beginn der Versicherungspflicht bei der Krankenkasse zu stellen. Die Befreiung wirkt vom Beginn der Versicherungspflicht an, wenn seit diesem Zeitpunkt noch keine Leistungen in Anspruch genommen wurden, sonst vom Beginn des Kalendermonats an, der auf die Antragstellung folgt. Die Befreiung kann nicht widerrufen werden. Die Befreiung wird nur wirksam, wenn das Mitglied das Bestehen eines anderweitigen Anspruchs auf Absicherung im Krankheitsfall nachweist.

Beitragszuschüsse während der Pflegezeit

Ist durch die vollständige Freistellung der Kranken- und Pflegeversicherungsschutz nicht mehr gegeben, kann die Pflegeperson häufig im Rahmen der Familienversicherung abgesichert werden. Sofern dies nicht möglich ist, muss eine freiwillige Weiterversicherung erfolgen.

In diesen Fällen leistet die Pflegekasse des Pflegebedürftigen einen Beitragszuschuss in Höhe des Mindestbeitrags zur Kranken- und Pflegeversicherung. Sie dürfen die tatsächliche Höhe der Beiträge nicht übersteigen.

Anspruch auf den Zuschuss haben nicht nur Personen, die vollständig von der Arbeitsleistung freigestellt wurden, sondern auch Personen mit einer geringfügig entlohnten Beschäftigung (556-Euro-Kräfte).

Die Mindestbeiträge errechnen sich aus

- dem allgemeinen Beitragssatz der Krankenkasse zuzüglich
- dem Zusatzbeitrag der jeweiligen Krankenkasse und
- einem Mindestentgelt, das dem 90. Teil der monatlichen Bezugsgröße (2025: 1.248,33 Euro monatlich) entspricht.

> **Wichtig:** Änderungen in den Verhältnissen, die sich auf die Zuschussgewährung auswirken können, müssen die Beschäftigten unverzüglich der Pflegekasse oder dem privaten Krankenversicherungsunternehmen mitteilen.

Auch Versicherte bei einem privaten Pflegeversicherungsunternehmen erhalten Zuschüsse. Das Gleiche gilt für eine Versicherung bei der Postbeamtenkrankenkasse oder der Krankenversicherung der Bundesbahnbeamten.

Rentenversicherung

In der gesetzlichen Rentenversicherung besteht für Pflegepersonen unter bestimmten Voraussetzungen Versicherungspflicht (vgl. dazu Kapitel „Soziale Sicherung durch Sozialversicherungsträger“). Dies gilt auch während der Pflegezeit.

Sonderkündigungsschutz

Der Arbeitgeber darf das Beschäftigungsverhältnis von der Ankündigung, höchstens jedoch zwölf Wochen vor dem angekündigten Beginn, bis zur Beendigung der kurzzeitigen Arbeitsverhinderung nach § 2 PflegeZG oder der Freistellung nach § 3 PflegeZG nicht kündigen.

In besonderen Fällen kann eine Kündigung von der für den Arbeitsschutz zuständigen obersten Landesbehörde für zulässig erklärt werden. Hier gelten die von der Rechtsprechung für den besonderen Kündigungsschutz von Schwangeren sowie Beschäftigten in Elternzeit aufgestellten Grundsätze entsprechend.

Die Erklärung der Zulässigkeit erfolgt durch die für den Arbeitsschutz zuständigen Landesbehörde oder die von ihr bestimmte Stelle (z. B. Gewerbeaufsichtsamt).

Der Kündigungsschutz entfällt, wenn die Voraussetzungen für die Pflegezeit entfallen, etwa durch Ablauf der Dauer der Pflegezeit oder bei vorzeitiger Beendigung durch den Tod des Angehörigen.

Familienpflegezeit

Durch die Einführung der Familienpflegezeit werden die Möglichkeiten zur Vereinbarkeit von Beruf und familiärer Pflege verbessert.

Familienpflegezeit ist längstens für die Dauer von 24 Monaten möglich. Für die Dauer der Freistellung hat der Arbeitnehmer Anspruch auf Förderung durch Gewährung eines Darlehens. Näheres dazu erfahren Sie in diesem Abschnitt.

Wichtig: Während der Familienpflegezeit muss die verringerte Arbeitszeit wöchentlich mindestens 15 Stunden betragen. Bei unterschiedlichen wöchentlichen Arbeitszeiten oder einer unterschiedlichen Verteilung der wöchentlichen Arbeitszeit darf die wöchentliche Arbeitszeit im Durchschnitt eines Zeitraums von bis zu einem Jahr 15 Stunden nicht unterschreiten. Es handelt sich hierbei um ein Kalenderjahr, z. B. bei Beginn der Familienpflegezeit am 01.07.2025, endet die Jahresfrist am 30.06.2026.

Beschäftigte und Arbeitgeber im Sinne des Familienpflegezeitgesetzes

Das Familienpflegezeitgesetz gilt wie das Pflegezeitgesetz nur für Beschäftigte. Hierbei gelten die Ausführungen zur Pflegezeit, siehe hierzu § 7 PflegeZG.

Der Anspruch auf Familienpflegezeit besteht nicht gegenüber Arbeitgebern mit in der Regel 25 oder weniger Beschäftigten ausschließlich der Auszubildenden.

Rechtsanspruch auf Familienpflegezeit

Seit 01.01.2015 sieht das Familienpflegezeitgesetz einen Rechtsanspruch des Arbeitnehmers auf Familienpflegezeit vor.

Beschäftigte sind von der Arbeitsleistung für längstens 24 Monate teilweise freizustellen, wenn sie einen pflegebedürftigen nahen Angehörigen in häuslicher Umgebung pflegen. Das Gesetz nennt dies Familienpflegezeit.

Vom Anspruch auf Familienpflegezeit kann nicht zuungunsten der Beschäftigten (z. B. durch Arbeits- oder Tarifvertrag) abgewichen werden.

Die Familienpflegezeit wird nicht auf Berufsausbildungszeiten angerechnet. Pflegezeit und Familienpflegezeit dürfen gemeinsam 24 Monate je pflegebedürftigem nahen Angehörigen nicht überschreiten (Gesamtdauer).

Des Weiteren sind Beschäftigte von der Arbeitsleistung für längstens 24 Monate teilweise freizustellen, wenn sie einen minderjährigen pflegebedürftigen nahen Angehörigen in häuslicher oder außerhäuslicher Umgebung betreuen. Der Anspruch kann wahlweise zur Familienpflegezeit geltend gemacht werden.

Hierunter fallen etwa Situationen wie die Begleitung eines Kindes während eines sehr langen Krankenhausaufenthalts oder in einer außerhäuslichen Einrichtung. Das Kind muss jedoch bereits pflegebedürftig im Sinne des SGB XI sein. Eltern wird es dadurch ermöglicht, ihre minderjährigen Kinder insbesondere in zeitaufwendigen und Nähe erfordernden Lebens- und Behandlungsphasen eng zu betreuen.

Inanspruchnahme der Familienpflegezeit durch Ankündigung

Wer Familienpflegezeit nach § 2 FPfZG beanspruchen will, muss dies dem Arbeitgeber spätestens acht Wochen vor dem gewünschten Beginn in Textform ankündigen und gleichzeitig erklären, für welchen Zeitraum und in welchem Umfang innerhalb der Gesamtdauer nach § 2 Abs. 2 FPfZG die Freistellung von der Arbeitsleistung in Anspruch genommen werden soll. Dabei ist auch die gewünschte Verteilung der Arbeitszeit anzugeben.

Enthält die Ankündigung keine eindeutige Festlegung, ob die oder der Beschäftigte Pflegezeit nach § 3 des Pflegezeitgesetzes oder Familienpflegezeit in Anspruch nehmen will, und liegen die Voraussetzungen beider Freistellungsansprüche vor, gilt die Erklärung als Ankündigung von Pflegezeit.

Wird die Familienpflegezeit nach einer Freistellung nach § 3 Abs. 1 oder Abs. 5 des Pflegezeitgesetzes zur Pflege oder Betreuung desselben pflegebedürftigen Angehörigen in Anspruch genommen, muss sich die Familienpflegezeit unmittelbar an die Freistellung anschließen. In diesem Fall soll der Beschäftigte möglichst frühzeitig erklären, ob er Familienpflegezeit in Anspruch nehmen wird; abweichend davon muss die Ankündigung spätestens drei Monate vor Beginn der Familienpflegezeit erfolgen.

Wird eine Freistellung nach § 3 Abs. 1 oder Abs. 5 des Pflegezeitgesetzes nach einer Familienpflegezeit in Anspruch genommen, ist die Freistellung in unmittelbarem Anschluss an die Familienpflegezeit zu beanspruchen und dem Arbeitgeber spätestens acht Wochen vor Beginn der Freistellung in Textform anzukündigen.

Arbeitgeber und Beschäftigte haben über die Verringerung und Verteilung der Arbeitszeit eine schriftliche Vereinbarung zu treffen. Hierbei hat der Arbeitgeber den Wünschen der Beschäftigten zu entsprechen, es sei denn, dass dringende betriebliche Gründe entgegenstehen.

Für einen kürzeren Zeitraum in Anspruch genommene Familienpflegezeit kann bis zur Gesamtdauer nach § 2 Abs. 2 FPfZG verlängert werden, wenn der Arbeitgeber zustimmt. Eine Verlängerung bis zur Gesamtdauer kann verlangt werden, wenn die Pflegeperson nicht wie vorgesehen aus einem wichtigen Grund durch eine andere Pflegeperson ersetzt werden kann.

Die Beschäftigten haben die Pflegebedürftigkeit der oder des nahen Angehörigen durch Vorlage einer Bescheinigung der Pflegekasse oder des MD nachzuweisen. Bei in der privaten Pflegepflichtversicherung versicherten Pflegebedürftigen ist ein entsprechender Nachweis zu erbringen.

Ist der nahe Angehörige nicht mehr pflegebedürftig oder die häusliche Pflege des nahen Angehörigen unmöglich oder unzumutbar, endet die Familienpflegezeit vier Wochen nach Eintritt der veränderten Umstände. Der Arbeitgeber ist hierüber unverzüglich zu unterrichten. Im Übrigen kann die Familienpflegezeit nur vorzeitig beendet werden, wenn der Arbeitgeber zustimmt.

Erst Pflegezeit, dann Familienpflegezeit

Wie bereits beschrieben, dürfen Pflegezeit und Familienpflegezeit gemeinsam 24 Monate je pflegebedürftigem nahen Angehörigen nicht überschreiten. Beschäftigte, die ihren Anspruch auf Familienpflegezeit bereits mit einer kurzen Freistellungsphase ausschöpfen, haben im Anschluss daran nur noch den auf sechs Monate begrenzten Anspruch auf Pflegezeit. Nach der Gesetzesbegründung soll hier den betrieblichen Interessen der Arbeitgeber Rechnung getragen werden.

Beschäftigte, die zuerst Pflegezeit oder eine Freistellung nach § 3 Abs. 5 PflegeZG (minderjährige pflegebedürftige nahe Angehörige) in Anspruch nehmen, können eine Freistellung im Rahmen einer Familienpflegezeit nur in unmittelbarem Anschluss an die Pflegezeit in Anspruch nehmen. Eine zeitliche Unterbrechung zwischen Pflege- und Familienpflegezeit ist nicht zulässig. Wenn Beschäftigte dies in Anspruch nehmen wollen, ist dies dem Arbeitgeber innerhalb von drei Monaten anzuzeigen.

Arbeitsrechtliche Regelungen

Die Regelungen zum Kündigungsschutz bei der kurzzeitigen Arbeitsverhinderung oder der Freistellung im Rahmen der Pflegezeit gelten nach § 2 Abs. 3 FPfZG für die Familienpflegezeit entsprechend.

Danach darf der Arbeitgeber dem Beschäftigten von der Ankündigung, höchstens jedoch zwölf Wochen vor dem angekündigten Beginn, bis zur Beendigung der Familienpflegezeit nicht kündigen.

In besonderen Fällen kann eine Kündigung von der für den Arbeitsschutz zuständigen obersten Landesbehörde oder der von ihr bestimmten Stelle ausnahmsweise für zulässig erklärt werden. Hier gelten die von der Rechtsprechung für den besonderen Kündigungsschutz von Schwangeren sowie Beschäftigten in Elternzeit aufgestellten Grundsätze entsprechend. Als Beispiel sei genannt, dass die Fortsetzung des Beschäftigungsverhältnisses wegen Diebstahl dem Arbeitgeber nicht mehr zumutbar ist.

Die Erklärung der Zulässigkeit erfolgt durch die für den Arbeitsschutz zuständige Landesbehörde oder die von ihr bestimmte Stelle (z. B. Gewerbeaufsichtsamt).

Die Familienpflegezeit gibt dem Arbeitgeber – durch Verweis auf § 6 PflegeZG – die Möglichkeit, während der Familienpflegezeit seines Arbeitnehmers einen Vertreter befristet einzustellen. In diesem Fall liegt ein sachlicher Grund für die Befristung vor.

Über die reine Dauer der Vertretung hinaus ist die Befristung für notwendige Zeiten einer Einarbeitung zulässig.

Wichtig: Die Dauer der Befristung des Arbeitsvertrags muss kalendermäßig bestimmt oder bestimmbar sein oder den genannten Zwecken zu entnehmen sein. Damit soll gewährleistet werden, dass der Endzeitpunkt des befristeten Arbeitsverhältnisses für die Vertragspartner von Anfang an klargestellt ist.

Der Arbeitgeber hat gegenüber der befristet eingestellten Ersatzkraft ein Sonderkündigungsrecht, wenn die Familienpflegezeit des Beschäftigten vorzeitig endet. Er kann der Ersatzkraft mit einer zweiwöchigen Frist kündigen.

Zinsloses Darlehen

Bei Pflegezeit und Familienpflegezeit ist die Inanspruchnahme eines zinslosen Darlehens möglich, um die finanziellen Einbußen zu kompensieren.

Förderung der pflegebedingten Freistellung

Für die Dauer der Freistellungen nach § 2 FPfZG oder nach § 3 des Pflegezeitgesetzes gewährt das Bundesamt für Familie und zivilgesellschaftliche Aufgaben (BAFzA) Beschäftigten auf Antrag ein in monatlichen Raten zu zahlendes zinsloses Darlehen. Der Anspruch gilt auch bei

- Betreuung eines minderjährigen pflegebedürftigen nahen Angehörigen und
- Begleitung eines nahen Angehörigen in der letzten Lebensphase.

Die Förderfähigkeit endet mit dem Ende der Freistellung nach § 3 Abs. 1 Pflegezeitgesetz Die Förderfähigkeit endet auch dann, wenn die oder der Beschäftigte während der Freistellung nach § 2 FPfZG den Mindestumfang der wöchentlichen Arbeitszeit aufgrund gesetzlicher oder kollektivvertraglicher Bestimmungen oder aufgrund von Bestimmungen, die in Arbeitsrechtsregelungen der Kirchen enthalten sind, unterschreitet. Die Unterschreitung der Mindestarbeitszeit aufgrund von Kurzarbeit oder eines Beschäftigungsverbots lässt die Förderfähigkeit unberührt.

Höhe des Darlehens

Die monatlichen Darlehensraten werden in Höhe der Hälfte der Differenz zwischen den pauschalierten monatlichen Nettoentgelten vor und während der Freistellung gewährt.

Das pauschalierte monatliche Nettoentgelt vor der Freistellung wird berechnet auf der Grundlage des regelmäßigen durchschnittlichen monatlichen Bruttoarbeitsentgelts ausschließlich der Sachbezüge der letzten zwölf Kalendermonate vor Beginn der Freistellung.

Das pauschalierte monatliche Nettoentgelt während der Freistellung wird berechnet auf der Grundlage des Bruttoarbeitsentgelts, das sich aus dem Produkt aus der vereinbarten durchschnittlichen monatlichen

Stundenzahl während der Freistellung und dem durchschnittlichen Entgelt je Arbeitsstunde ergibt (Stundenzahl x Entgelt/Arbeitsstunde).

Beispiel:

Herr Meier hat im Jahr vor der Freistellung 40.000,00 Euro (brutto) im Jahr verdient. Er ist verheiratet und hat die Steuerklasse III. Seine durchschnittliche wochentliche Arbeitszeit beträgt 38,5 Stunden vor Beginn der Freistellung. Während der teilweisen Freistellung arbeitet Herr Meier mit 20 Stunden wöchentlich weiter. Die Dauer der Freistellung gegenüber seinem Arbeitgeber beträgt 12 Monate.
Herr Meier hat Anspruch auf einen monatlichen Darlehensbetrag von 533,00 Euro und für die gesamte Pflegephase von 533,00 Euro x 12 = 6.396,00 Euro.

Bei einem weniger als zwölf Monate vor Beginn der Freistellung bestehenden Beschäftigungsverhältnis verkürzt sich der der Berechnung zugrunde zu legende Zeitraum entsprechend. Für die Berechnung des durchschnittlichen Entgelts je Arbeitsstunde bleiben Mutterschutzfristen, Freistellungen nach § 2 FPfZG, kurzzeitige Arbeitsverhinderungen nach § 2 des Pflegezeitgesetzes, Freistellungen nach § 3 des Pflegezeitgesetzes sowie die Einbringung von Arbeitsentgelt in und die Entnahme von Arbeitsentgelt aus Wertguthaben nach § 7b SGB IV außer Betracht.

In den Fällen der Freistellung nach § 3 des Pflegezeitgesetzes ist die monatliche Darlehensrate auf den Betrag begrenzt, der bei einer durchschnittlichen Arbeitszeit während der Familienpflegezeit von 15 Wochenstunden zu gewähren ist.

Abweichend davon können Beschäftigte auch einen geringeren Darlehensbetrag in Anspruch nehmen, wobei die monatliche Darlehensrate mindestens 50,00 Euro betragen muss.

Das Darlehen ist vorrangig vor dem Bezug von bedürftigkeitsabhängigen Sozialleistungen in Anspruch zu nehmen und von den Beschäftigten zu beantragen; Die monatliche Darlehensmindestrate von 50,00 Euro je Monat gilt dann nicht. Bei der Berechnung von Sozialleistungen sind die Zuflüsse aus dem Darlehen als Einkommen zu berücksichtigen.

Rückzahlung oder Stundung des Darlehens

Im Anschluss an die Freistellung nach § 3 Abs. 1 FPfZG ist der Darlehensnehmer verpflichtet, das Darlehen innerhalb von 48 Monaten nach Beginn der Freistellung zurückzuzahlen. Die Rückzahlung erfolgt in möglichst gleichbleibenden monatlichen Raten in Höhe des im Bescheid nach § 9 FPfZG festgesetzten monatlichen Betrags jeweils spätestens zum letzten Bankarbeitstag des laufenden Monats. Für die Rückzahlung gelten alle an den Darlehensnehmer geleisteten Darlehensbeträge als ein Darlehen.

Die Rückzahlung beginnt in dem Monat, der auf das Ende der Förderung der Freistellung folgt. Das Bundesamt für Familie und zivilgesellschaftliche Aufgaben kann auf Antrag des Darlehensnehmers den Beginn der Rückzahlung auf einen späteren Zeitpunkt, spätestens jedoch auf den 25. Monat nach Beginn der Förderung festsetzen, wenn die übrigen Voraussetzungen für den Anspruch nach den §§ 2 und 3 FPfZG weiterhin vorliegen. Befindet sich der Darlehensnehmer während des Rückzahlungszeitraums in einer Freistellung nach § 3 Abs. 1 FPfZG, setzt das Bundesamt für Familie und zivilgesellschaftliche Aufgaben auf Antrag des Beschäftigten die monatlichen Rückzahlungsraten bis zur Beendigung der Freistellung von der Arbeitsleistung aus.

Der Rückzahlungszeitraum verlängert sich um den Zeitraum der Aussetzung.

Zur Vermeidung einer besonderen Härte stundet das Bundesamt für Familie und zivilgesellschaftliche Aufgaben dem Darlehensnehmer auf Antrag die Rückzahlung des Darlehens, ohne dass hierfür Zinsen anfallen. Als besondere Härte gelten insbesondere der Bezug von Entgeltersatzleistungen nach dem Dritten und dem Fünften Buch Sozialgesetzbuch, Leistungen zur Sicherung des Lebensunterhalts nach dem Zweiten Buch Sozialgesetzbuch und Leistungen nach dem Dritten und Vierten Kapitel des Zwölften Buches Sozialgesetzbuch oder eine mehr als 180 Tage ununterbrochene Arbeitsunfähigkeit. Eine besondere Härte liegt auch vor, wenn sich der Darlehensnehmer wegen unverschuldeter finanzieller Belastungen vorübergehend in ernsthaften Zahlungsschwierigkeiten befindet oder zu erwarten ist, dass er durch die Rückzahlung des Darlehens in der vorgesehenen Form in solche Schwierigkeiten gerät.

Für den über die Gesamtdauer der Freistellungen nach § 2 FPfZG oder nach § 3 Abs. 1 oder 5 des Pflegezeitgesetzes hinausgehenden Zeitraum, in dem die Pflegebedürftigkeit desselben nahen Angehörigen fortbesteht, die Pflege durch den Beschäftigten in häuslicher Umgebung andauert und die Freistellung von der Arbeitsleistung fortgeführt wird, sind auf Antrag die fälligen Rückzahlungsraten zu einem Viertel zu erlassen (Teildarlehenserlass) und die restliche Darlehensschuld für diesen Zeitraum bis zur Beendigung der häuslichen Pflege auf Antrag zu stunden, ohne dass hierfür Zinsen anfallen, sofern eine besondere Härte vorliegt.

Die Darlehensschuld erlischt, soweit sie noch nicht fällig ist, wenn der Darlehensnehmer Leistungen nach den Vorschriften des Sozialhilferechts (SGB XII) oder Leistungen zur Grundsicherung für Arbeitssuchende (SGB II) ununterbrochen seit mindestens zwei Jahren nach dem Ende der Freistellung bezieht oder verstirbt.

Antragstellung und Durchführung des Verfahrens

Ein Vordruck für die Beantragung eines zinslosen Darlehens findet sich auf der Homepage des Bundesamts für Familie und zivilgesellschaftliche Aufgaben: https://www.bafza.de/programme-und-foerderungen/familienpflegezeit/.

Bundesamt für Familie und zivilgesellschaftliche Aufgaben
Postanschrift: Referat 504 – Nationale Programme – 50964 Köln
Besucheranschrift: An den Gelenkbogenhallen 2–6, 50679 Köln
Telefon: 0221 3673-0
E-Mail: familienpflegezeit@bafza.bund.de

Dem Antrag sind beizufügen:

- Entgeltbescheinigung
- Vereinbarung über die Familienpflegezeit
- Bescheinigung über die Pflegebedürftigkeit des nahen Angehörigen

In der Entgeltbescheinigung ist insbesondere die arbeitsvertraglich vereinbarte Wochenstundenzahl der letzten zwölf Monate vor Beginn der Familienpflegezeit anzugeben.

Das Bundesamt setzt die Höhe der Darlehensraten zu Beginn der Leistungsgewährung in monatlichen Festbeträgen für die gesamte Förderdauer fest.

Der Antrag wirkt vom Zeitpunkt des Vorliegens der Anspruchsvoraussetzungen, wenn er innerhalb von drei Monaten nach deren Vorliegen gestellt wird, anderenfalls wirkt er vom Beginn des Monats der Antragstellung.

Das Bundesamt für Familie und zivilgesellschaftliche Aufgaben entscheidet auf schriftlichen Antrag über das Darlehen und dessen Rückzahlung.

In dem Darlehensbescheid gibt das Bundesamt an:

- Höhe des Darlehens
- Höhe der monatlichen Darlehensraten sowie Dauer der Leistung
- Höhe und Dauer der Rückzahlungsraten
- Fälligkeit der ersten Rückzahlungsrate

Wurde dem Antragsteller für eine vor dem Antrag liegende Freistellung ein Darlehen gewährt, sind für die Ermittlung der Rückzahlungsraten und die Fälligkeit der ersten Rückzahlungsrate das zurückliegende und das aktuell gewährte Darlehen wie ein Darlehen zu behandeln. Der das erste Darlehen betreffende Bescheid wird hinsichtlich Höhe, Dauer und Fälligkeit der Rückzahlungsraten geändert.

Die Darlehensraten werden zu Beginn jeweils für den Kalendermonat ausgezahlt, in dem die Anspruchsvoraussetzungen vorliegen. Monatliche Förderungsbeträge, die nicht volle Euro ergeben, sind bei Restbeträgen bis zu 0,49 Euro abzurunden und von 0,50 Euro an aufzurunden.

4.

Auszeit von der Pflege

Verhinderungspflege

Ist eine Pflegeperson an der Pflege gehindert, hat eine pflegebedürftige Person ab dem Pflegegrad 2 für die Dauer von bis zu sechs Wochen (42 Kalendertage) je Kalenderjahr Anspruch auf Verhinderungspflege. Pflegebedürftige Personen mit Pflegegrad 4 und 5, die noch nicht das 25. Lebensjahr vollendet haben, haben einen Anspruch auf Verhinderungspflege von bis zu acht Wochen (56 Kalendertage) je Kalenderjahr. Für den Anspruch ist entscheidend, dass bei Beginn der Verhinderungspflege das 25. Lebensjahr noch nicht vollendet ist und der Pflegegrad 4 oder 5 vorliegt.

An der Pflege gehinderte Pflegepersonen sind Angehörige, der Ehe- oder Lebenspartner, Nachbarn, Bekannte oder sonstige Personen, die einen Pflegebedürftigen nicht erwerbsmäßig in der Häuslichkeit pflegen. Pflegekräfte einer zugelassenen ambulanten Pflegeeinrichtung und Pflegekräfte, mit denen die Pflegekasse einen Einzelvertrag geschlossen hat, sowie Betreiber und Pflegekräfte ambulant betreuter Wohngruppen sind keine an der Pflege gehinderte Pflegepersonen im Sinne der Verhinderungspflege.

Für die Verhinderungspflege kann die Pflegekasse im Einzelfall bis zu 1.685,00 Euro im Kalenderjahr übernehmen; die Zahlung bezieht sich dabei auf das Kalenderjahr und nicht auf die Pflegeperson(en). Ergänzend kann der Leistungsbetrag um bis zu 843,00 Euro aus noch nicht in Anspruch genommenen Mitteln der Kurzzeitpflege auf insgesamt 2.528,00 Euro im Kalenderjahr erhöht werden. Abweichend hiervon kann für die Verhinderungspflege bei einer pflegebedürftigen Person mit Pflegegrad 4 oder 5, die das 25. Lebensjahr noch nicht vollendet hat, der Leistungsbetrag um bis zu 1.854,00 Euro aus noch nicht in Anspruch genommenen Mitteln der Kurzzeitpflege nach § 42 Abs. 2 Satz 2 SGB XI auf insgesamt 3.539,00 Euro erhöht werden.

§ **Rechtsänderung zum 01.07.2025**

Der Anspruch auf Verhinderungspflege wird von sechs Wochen auf acht Wochen verlängert und die Voraussetzung, dass die Pflegeperson den

Pflegebedürftigen vor der erstmaligen Verhinderung sechs Monate gepflegt haben muss (Vorpflegezeit), entfällt.
Es bleibt aber dabei, dass der Leistungsanspruch der Verhinderungspflege geringer ausfällt, wenn die Verhinderungspflege durch Personen erbracht wird, die mit dem Pflegebedürftigen bis zum 2. Grade verwandt oder verschwägert sind oder mit ihm in häuslicher Gemeinschaft leben und die Pflege nicht erwerbsmäßig ausüben.
Die Leistungen der Verhinderungspflege und der Kurzzeitpflege werden zu einem gemeinsamen Jahresbetrag zusammengefasst. Er beträgt maximal 3.539 Euro je Kalenderjahr und kann flexibel für Verhinderungs- und Kurzzeitpflege genutzt werden.
Die bisherige Regelung, dass nur ein Teil der Kurzzeitpflegeleistungen in Verhinderungspflegeleistungen umgewandelt werden kann, entfällt dann.
Damit die Pflegebedürftigen einen Überblick über die bereits verbrauchten Leistungen erhalten, sind die Pflegeeinrichtungen verpflichtet, den Pflegebedürftigen nach der Leistungserbringung unverzüglich eine Übersicht über die angefallenen Kosten aus dem Jahresbetrag zu übermitteln und auszuhändigen.

Praxis-Tipp:

Erkundigen Sie sich bei der Pflegekasse des Pflegebedürftigen nach dem praktischen Ablauf der Beantragung der Leistung, ob z. B. bestimmte Vordrucke zu beachten sind oder die Pflegekasse auch ein formloses Verfahren im Wege der Kostenerstattung akzeptiert.

Wird die Verhinderungspflege durch Pflegepersonen sichergestellt, die mit dem Pflegebedürftigen bis zum zweiten Grad verwandt (Eltern, Kinder, Adoptiv- und Stiefkinder, Großeltern, Enkelkinder, Geschwister) oder verschwägert sind oder mit ihm in häuslicher Gemeinschaft leben, gilt dies nur insoweit, als im Zusammenhang mit der Verhinderungspflege weitere notwendige Aufwendungen nachgewiesen werden. Die Aufwendungen der Pflegekasse sind grundsätzlich auf die Höhe des 1,5-fachen des in dem jeweiligen Pflegegrad festgelegten

Pflegegeldbetrags nach § 37 Abs. 1 SGB XI für bis zu sechs Wochen (42 Tage) beschränkt.

Kann die Verhinderungspflege nur tageweise gewährt werden, dann erfolgt keine Kürzung des Leistungsbetrags auf einen Tagessatz von 1/42 des Höchstbetrags (Urteil des BSG vom 12.07.2012 – B 3 P 6/11 R). Inwieweit die Höhe der geltend gemachten Aufwendungen angemessen ist, ist stets im Einzelfall zu prüfen.

Dabei sind die konkreten und persönlichen Verhältnisse des Pflegebedürftigen und der Ersatzpflegeperson zu berücksichtigen, wie z. B. der Umfang und Inhalt der pflegebedingten Aufwendungen, Art und Schwere der Beeinträchtigungen des Pflegebedürftigen, Wohnortentfernung der Ersatzpflegeperson und ihr (zeitlicher) Organisationsaufwand (insbesondere bei kurzfristig erforderlicher Verhinderungspflege).

Insgesamt ist der Anspruch auf Verhinderungspflege in zweifacher Hinsicht – von der Dauer her und auf einen Höchstbetrag – begrenzt. Für die Leistungsgewährung der Verhinderungspflege hat der Pflegebedürftige die entstandenen Kosten nachzuweisen (z. B. Quittung, Rechnung, Kontoauszug).

Sofern die Leistungen der Kurzzeitpflege hinsichtlich der Dauer ausgeschöpft sind, kann ein eventuell noch verbleibender Leistungsbetrag bis maximal 806,00 Euro ebenfalls für die Verhinderungspflege verwendet werden.

Im Rahmen der Verhinderungspflege ist zwischen einer nicht erwerbsmäßigen und einer erwerbsmäßigen Verhinderungspflege zu unterscheiden. So kann die Verhinderungspflege zum einen durch eine private, nicht erwerbsmäßig pflegende Person (z. B. Angehörige, Ehe- oder Lebenspartner, Nachbarn, Bekannte) und zum anderen durch eine zugelassene Pflegeeinrichtung (z. B. ambulante Pflegedienste, familienentlastende Dienste) sowie andere nicht zugelassene Dienste, die im Rahmen einer Erwerbstätigkeit die Verhinderungspflege durchführen (z. B. Dorfhelfer, Betriebshilfsdienste), erbracht werden.

Bei Empfängern von Pflegegeld besteht neben dem Anspruch auf Verhinderungspflege zusätzlich ein Anspruch auf Fortzahlung des Pflegegeldes in Höhe der Hälfte des bisher bezogenen Pflegegeldes für bis zu sechs Wochen im Kalenderjahr. Abweichend davon wird für den ersten und letzten Tag der Verhinderungspflege das Pflegegeld in voller Höhe gezahlt.

Bei stundenweiser Leistungserbringung ist auch eine Inanspruchnahme von Verhinderungspflege möglich. Ist in diesen Fällen die Pflegeperson weniger als acht Stunden am Tag verhindert, so erfolgt ausschließlich eine Anrechnung auf den Höchstbetrag von 1.685,00 Euro, nicht aber auf die Höchstdauer von 42 Tagen.

Entscheidend für die Anrechnung auf die Höchstdauer ist der tatsächliche Verhinderungszeitraum der Pflegeperson und nicht die Dauer der Inanspruchnahme der Ersatzpflegeperson (oder des Pflegedienstes, des familienentlastenden Dienstes etc.). Ist die Pflegeperson beispielsweise an acht Stunden verhindert und wird die Verhinderungspflege nur an zwei Stunden in Anspruch genommen, erfolgt sowohl eine Anrechnung auf den Höchstbetrag als auch eine Anrechnung auf die Höchstdauer von 42 Tagen. Bei einer stundenweisen Verhinderung der Pflegeperson von weniger als acht Stunden besteht wie bisher ein Anspruch auf das volle Pflegegeld. Erfolgt eine stundenweise Leistungserbringung durch eine nicht erwerbsmäßig pflegende Person, sollte eine entsprechende Beratung durch die Pflegekasse erfolgen.

Wird die stundenweise Verhinderungspflege durch nicht erwerbsmäßig pflegende Ersatzpflegepersonen erbracht, die nicht mit dem Pflegebedürftigen bis zum zweiten Grad verwandt oder verschwägert sind, wie beispielsweise Nachbarn, besteht der Anspruch der Verhinderungspflege in Höhe des Leistungsbetrags nach § 39 Abs. 1 SGB XI. Wird die Verhinderungspflege hingegen durch Ersatzpflegepersonen erbracht, die mit dem Pflegebedürftigen gemeinsam im Haushalt leben oder mit ihm bis zum zweiten Grad verwandt oder verschwägert sind, ist der Anspruch auf Verhinderungspflege nach § 39 Abs. 3 Satz 1 SGB XI auf die Höhe des Pflegegeldes begrenzt.

Da es bei einer stundenweisen Verhinderung zu keiner Kürzung des Pflegegeldes kommt, kann es für den Pflegebedürftigen günstiger sein, keine Verhinderungspflege zu beantragen, da der Anspruch auf Verhinderungspflege sowieso auf die Höhe des Pflegegeldes begrenzt ist und bei einem Verzicht auf Beantragung der Verhinderungspflege der

Gesamtanspruch in Höhe von 1.685,00 Euro durch die stundenweise Verhinderung der Pflegeperson nicht geschmälert wird.

Beispiel:

Die Pflegeperson eines Pflegebedürftigen des Pflegegrades 2 ist vom 04.04. bis 09.04. (sechs Kalendertage) in der Zeit von 8 Uhr bis 17 Uhr (neun Stunden) verhindert. Die Verhinderungspflege wird von der nicht mit dem Pflegebedürftigen in häuslicher Gemeinschaft lebenden Tochter in der Zeit von 9 Uhr bis 16 Uhr (sieben Stunden) erbracht. Es werden Kosten in Höhe von 120,00 Euro nachgewiesen.

Kostenübernahme für die Verhinderungspflege	= 120,00 Euro
Berechnung der Pflegegeldansprüche	
für den 04.04. und 09.04. volles Pflegegeld (347,00 Euro x 2 / 30)	= 23,13 Euro
vom 05.04. bis 08.04. hälftiges Pflegegeld (173,50 Euro x 4 / 30)	= 23,13 Euro

Ergebnis: Da es sich bei der Tochter um eine Verwandte zweiten Grades handelt, ist eine Kostenübernahme bis zur Höhe des 1,5-fachen Betrags des Pflegegeldes (520,50 Euro) möglich. Da dieser Betrag nicht überschritten wird, können die nachgewiesenen Kosten in Höhe von 120,00 Euro übernommen werden.

Im laufenden Kalenderjahr besteht noch ein Restanspruch auf Verhinderungspflege in Höhe von 1.565,00 Euro (1.685,00 Euro - 120,00 Euro). Da die Pflegeperson täglich neun Stunden verhindert ist, erfolgt ebenfalls eine Anrechnung auf die Höchstdauer von 42 Tagen, sodass noch ein Restanspruch von 36 Kalendertagen besteht.

Aufgrund der Verhinderung der Pflegeperson von mehr als acht Stunden wird für vier Tage (05.04. bis 08.04.) das Pflegegeld in Höhe der Hälfte des bisher bezogenen Pflegegeldes fortgezahlt. Für den ersten und letzten Tag der Verhinderungspflege wird das volle Pflegegeld gezahlt.

Beispiel:

Die Pflegeperson eines Pflegebedürftigen des Pflegegrades 3 ist erstmalig vom 09.06. bis 10.06. (zwei Kalendertage) in der Zeit von 9 Uhr bis 17 Uhr (acht Stunden) verhindert. Es werden Kosten in Höhe von 200,00 Euro geltend gemacht. Vom 16.06. bis 20.06. (fünf Kalendertage) ist die Pflegeperson erneut verhindert. Dieses Mal in der Zeit von 9 Uhr bis 15 Uhr (sechs Stunden). Hierfür werden Kosten in Höhe von 500,00 Euro nachgewiesen. Die Verhinderungspflege wird von der nicht mit dem Pflegebedürftigen in häuslicher Gemeinschaft lebenden Tochter jeweils in der Zeit von 10 Uhr bis 15 Uhr erbracht.

Verhinderungszeitraum vom 09.06. bis 10.06.	
Kostenübernahme für die Verhinderungspflege	= 200,00 Euro
Berechnung des Pflegegeldanspruchs:	
vom 09.06. bis 10.06. volles Pflegegeld (599,00 Euro x 2 / 30)	= 39,93 Euro
Verhinderungszeitraum vom 16.06. bis 20.06.	
Kostenübernahme für die Verhinderungspflege	= 500,00 Euro
Berechnung des Pflegegeldanspruches:	
vom 16.06. bis 20.06. volles Pflegegeld (599,00 Euro x 5 / 30)	= 99,83 Euro

Ergebnis: Da es sich bei der Tochter um eine Verwandte bis zum zweiten Grad handelt, ist eine Kostenübernahme bis zur Höhe des 1,5-fachen Betrags des Pflegegeldes (898,50 Euro) möglich. Da dieser Betrag nicht überschritten wird, können die nachgewiesenen Kosten in Höhe von 700,00 Euro (200,00 Euro + 500,00 Euro) erstattet werden. Im laufenden Kalenderjahr besteht noch ein Restanspruch auf Verhinderungspflege in Höhe von 985,00 Euro (1.685,00 Euro - 700,00 Euro). Da die Pflegeperson in dem Verhinderungszeitraum vom 09.06. bis 10.06. täglich an acht Stunden verhindert ist, erfolgt eine Anrechnung auf die Höchstdauer von 42 Tagen, sodass noch ein Restanspruch auf 40 Kalendertage besteht. Das Pflegegeld wird für den ersten und letzten Tag der Verhinderungspflege in voller Höhe gezahlt (Verhinderungszeitraum 09.06. bis 10.06.).

Eine Anrechnung der Verhinderungstage vom 16.06. bis 20.06. auf die Höchstanspruchsdauer erfolgt nicht, da die Pflegeperson täglich nur sechs Stunden verhindert ist. Aus diesem Grund wird das Pflegegeld in voller Höhe weitergezahlt.

Sofern der Leistungsanspruch der Verhinderungspflege im laufenden Kalenderjahr der Dauer, nicht aber der Höhe nach bereits ausgeschöpft wurde, kann der nicht verbrauchte Leistungsbetrag der Verhinderungspflege für die stundenweise Verhinderungspflege von weniger als acht Stunden täglich in Anspruch genommen werden.

Die Kosten der Verhinderungspflege können bis zum Höchstbetrag von 1.685,00 Euro ohne anteilige Kürzung zusätzlich zur (ungekürzten) Pflegesachleistung nach § 36 SGB XI erstattet werden. Dies kann im Einzelfall – bei einem Pflegebedürftigen des Pflegegrades 5 – dazu führen, dass in einem Monat bis zu 3.984,00 Euro von der Pflegekasse übernommen werden. Somit ist die üblicherweise anfallende Sachleistung auch im Falle der Verhinderung der Pflegeperson weiterhin als Sachleistung nach § 36 SGB XI abzurechnen.

Auf die Dauer des Leistungsanspruchs nach § 39 SGB XI wird die Zeit einer Leistungsgewährung nach § 42 SGB XI nicht angerechnet.

Beispiel:

Urlaub der Pflegeperson vom 01.03. bis 11.04. (42 Kalendertage) = Kostenübernahme für Verhinderungspflege nach § 39 SGB XI

Erkrankung der Pflegeperson vom 01.05. bis 28.05. (28 Kalendertage) = Gewährung von Kurzzeitpflege nach § 42 SGB XI

Der Anspruch auf Ersatzpflege entsteht mit jedem Kalenderjahr neu. Hieraus folgt, dass ein

- am 31.12. eines Jahres bestehender oder an diesem Tag endender oder
- vor dem 31.12. eines Jahres abgelaufener

Leistungsanspruch nach § 39 SGB XI – bei Vorliegen der Anspruchsvoraussetzungen – ab 01.01. des Folgejahres für sechs Wochen weiter besteht oder wiederauflebt. Dies gilt entsprechend auch für pflegebedürftige Personen mit Pflegegrad 4 oder 5, die noch nicht das 25. Lebensjahr vollendet haben.

Anspruchsvoraussetzungen

Voraussetzung für die Leistung nach § 39 SGB XI war bis zum 30.06.2024, dass die Pflegeperson den Pflegebedürftigen vor der erstmaligen Verhinderung mindestens sechs Monate in seiner häuslichen Umgebung gepflegt hat und zum Zeitpunkt der Inanspruchnahme der Verhinderungspflege der Pflegebedürftige mindestens dem Pflegegrad 2 zugeordnet ist. Der Pflegegrad 2 muss nicht bereits während der sechsmonatigen Vorpflegezeit vorgelegen haben. Es ist nicht erforderlich, dass dieselbe Pflegeperson den Pflegebedürftigen sechs Monate gepflegt haben muss. Die Gesetzesmaterialien geben hierzu keine Hinweise. Diese Regelung wird dahingehend ausgelegt, dass die Wartezeit von sechs Monaten auch erfüllt ist, wenn sich mehrere Personen die Pflege zeitlich geteilt haben. Die Pflege muss nicht ununterbrochen ausgeführt worden sein. Unterbrechungstatbestände, die den Voraussetzungen des § 39 SGB XI entsprechen und nicht länger als vier Wochen dauern, sind für die Erfüllung der Wartezeit unschädlich. Hat die Unterbrechung länger als vier Wochen gedauert, so verlängert sich die Frist um den Zeitraum der Hemmung. Nicht erforderlich ist, dass die Pflegeperson den Pflegebedürftigen vor jeder neuen Unterbrechung der Pflegetätigkeit wiederum sechs Monate gepflegt haben muss. Ab dem 01.07.2025 entfällt diese Voraussetzung.

Anspruchsvoraussetzung ist nicht, dass die Leistung im Voraus beantragt wird.

Verhinderungspflege außerhalb der Häuslichkeit des Pflegebedürftigen

Da die Ruhensvorschrift nach § 34 Abs. 2 Satz 1 SGB XI hier ausdrücklich nicht gilt, ist die Erbringung dieser Leistung nicht auf die Verhinderungspflege im Haushalt des Pflegebedürftigen beschränkt. Es gilt vielmehr ein erweiterter Häuslichkeitsbegriff. Die Verhinderungspflege kann daher insbesondere in

- einem Wohnheim für behinderte Menschen,
- einem Internat,
- einer Krankenwohnung,

- einem Kindergarten,
- einer Schule,
- einer Vorsorge- oder Rehabilitationseinrichtung,
- einem Krankenhaus oder
- einer Pflegeeinrichtung (unabhängig von einer Zulassung nach § 72 SGB XI)

durchgeführt werden. Dient der Krankenhausaufenthalt des Pflegebedürftigen allein der vollstationären Krankenhausbehandlung nach § 39 SGB V, besteht für diesen Zeitraum kein Anspruch auf Verhinderungspflege. Bei der Kostenübernahme für die zuvor genannten oder vergleichbaren Einrichtungen ist jedoch darauf zu achten, dass nur die pflegebedingten Aufwendungen berücksichtigt werden können. Investitionskosten, Kosten für Unterkunft und Verpflegung oder für Zusatzleistungen sowie die Behandlungspflege und Betreuung dürfen hier nicht übernommen werden. Falls in diesem Zusammenhang lediglich eine Gesamtsumme oder ein Tagessatz – ohne weitere Spezifizierung – in Rechnung gestellt wird, sollte ein Prozentsatz in Höhe von mindestens 20 Prozent von der Summe des Rechnungsbetrags für Unterkunft, Verpflegung und Investitionskosten, medizinische Behandlungspflege und Betreuung in Abzug gebracht werden. Soweit mit Einrichtungen auf der Grundlage des Achten Kapitels des SGB XI Vergütungsverhandlungen geführt wurden, und damit auch der pflegebedingte Anteil am Pflegesatz feststeht, ist dieser entsprechend zu berücksichtigen. Soweit entsprechende Pflegesatzvereinbarungen bzw. Vergütungsregelungen von derartigen Einrichtungen mit dem zuständigen Träger der Sozialhilfe getroffen worden sind, kann der pflegebedingte Anteil ebenfalls ermittelt und für die Leistungsgewährung herangezogen werden.

Beispiel:

Die Verhinderungspflege bei einem Pflegegeldempfänger des Pflegegrades 2 wird vom 11.04. bis 03.05. (23 Kalendertage) in einer Rehabilitationseinrichtung erbracht.

Rechnungsbetrag der Rehabilitationseinrichtung für 23 Tage Verhinderungspflege	1.530,00 Euro

Abzug für Unterkunft, Verpflegung, Investitionskosten medizinische Behandlungspflege, Betreuung in Höhe von 20 Prozent des Rechnungsbetrags	306,00 Euro
Erstattungsbetrag für Verhinderungspflege	1.224,00 Euro
Berechnung der Pflegegeldansprüche:	
für den 11.04. und 03.05. volles Pflegegeld (347,00 Euro x 2 / 30)	= 23,13 Euro
vom 12.04. bis 02.05. hälftiges Pflegegeld (173,50 Euro x 21 / 30)	=121,45 Euro

Im laufenden Kalenderjahr besteht noch ein Restanspruch auf Verhinderungspflege für 19 Kalendertage bzw. in Höhe von 461,00 Euro (1.685,00 Euro - 1.224,00 Euro).

Bei vorübergehendem Auslandsaufenthalt besteht auch ein Anspruch auf Leistungen bei Verhinderung der Pflegeperson nach § 39 SGB XI. Dies gilt unabhängig davon, ob die Ersatzpflegeperson aus Deutschland heraus mitreist oder sich vor Ort befindet (z. B. in Spanien lebende Großeltern) und ob sie mit dem Pflegebedürftigen bis zum zweiten Grad verwandt oder verschwägert ist oder mit ihm in häuslicher Gemeinschaft lebt.

Verhinderungspflege bei Gewährung von Leistungen nach § 43a SGB XI

Ist bei Pflegebedürftigen, die sich während der Woche und an Wochenenden oder in den Ferienzeiten im häuslichen Bereich befinden und die Leistungen nach § 43a SGB XI und der häuslichen Pflege (§§ 36, 37 SGB XI) erhalten, im häuslichen Bereich die Pflege (z. B. an den Wochenenden oder in Ferienzeiten) nicht sichergestellt, können die Leistungen nach § 39 SGB XI zur Verfügung gestellt werden. Eine Anrechnung auf die Leistungen nach § 43a SGB XI ist nicht vorzunehmen. Hat der Pflegebedürftige vor der Verhinderungspflege Pflegegeld bezogen, besteht ein Anspruch auf Fortzahlung des hälftigen Pflegegeldes von bis zu sechs Wochen. Sofern für den Pflegebedürftigen in dieser Zeit, in der keine Pflege im häuslichen Bereich durchgeführt werden kann, die Unterbringung in derselben Einrichtung i. S. d. § 71 Abs. 4 Nr. 1 SGB XI oder Räumlichkeit i. S. d. § 71 Abs. 4 Nr. 3 SGB XI sichergestellt wird, kann eine Leistungsgewährung nach § 39 SGB XI nicht erfolgen. Die dadurch entstehenden Aufwendungen sind mit § 43a SGB XI abgegolten.

Verhinderungspflege durch Pflegepersonen, die mit dem Pflegebedürftigen bis zum zweiten Grad verwandt oder verschwägert sind oder mit ihm in häuslicher Gemeinschaft leben

Wird die Verhinderungspflege in Form der häuslichen Pflege durch eine Pflegeperson durchgeführt, die mit dem Pflegebedürftigen bis zum zweiten Grad verwandt oder verschwägert ist oder mit ihm in häuslicher Gemeinschaft lebt, kann davon ausgegangen werden, dass die Verhinderungspflege nicht erwerbsmäßig ausgeübt wird; in diesen Fällen sind die Aufwendungen grundsätzlich auf den 1,5-fachen Betrag des Pflegegeldes des festgestellten Pflegegrades nach § 37 Abs. 1 SGB XI beschränkt.

Im Rahmen der Ermittlung der Kostenübernahme für die Verhinderungspflege sind folgende Beträge zugrunde zu legen:

- Pflegegrad 2: 520,50 Euro (347,00 Euro / 28 Tage x 42 Tage)
- Pflegegrad 3: 898,50 Euro (599,00 Euro / 28 Tage x 42 Tage)
- Pflegegrad 4: 1.200,00 Euro (800,00 Euro / 28 Tage x 42 Tage)
- Pflegegrad 5: 1.485,00 Euro (990,00 Euro / 28 Tage x 42 Tage)

Unabhängig von der Beschränkung der Aufwendungen auf den Betrag des Pflegegeldes des festgestellten Pflegegrades sind von dem Pflegebedürftigen die Kosten nachzuweisen (z. B. Quittung, Rechnung, Kontoauszug). Sind der Ersatzpflegeperson Aufwendungen für Fahrkosten oder Verdienstausfall entstanden, so kann in diesen besonders gelagerten Fällen eine Kostenerstattung von bis zu 1.685,00 Euro erfolgen.

Eine Erhöhung des Leistungsbetrags um bis zu 843,00 Euro aus noch nicht in Anspruch genommenen Leistungen der Kurzzeitpflege nach § 42 Abs. 2 Satz 2 SGB XI kann in Fällen der Übernahme nachgewiesener notwendiger Aufwendungen nach § 39 Abs. 3 Satz 3 und 4 SGB XI erfolgen.

Verwandte des Pflegebedürftigen bis zum zweiten Grad sind Eltern, Kinder (einschließlich der für ehelich erklärten und angenommenen Kinder), Großeltern, Enkelkinder und Geschwister.

Verschwägerte des Pflegebedürftigen bis zum zweiten Grad sind Stiefeltern, Stiefkinder, Stiefenkelkinder (Enkelkinder des Ehegatten), Schwiegereltern, Schwiegerkinder (Schwiegersohn/Schwiegertochter), Schwiegerenkel (Ehegatten der Enkelkinder), Großeltern der Ehegatten, Stiefgroßeltern, Schwager/Schwägerin.

Beispiel:

Die Verhinderungspflege bei einem Pflegebedürftigen des Pflegegrades 3 wird von seiner nicht mit ihm in häuslicher Gemeinschaft lebenden Tochter vom 03.01. bis 13.02. (42 Kalendertage) durchgeführt. Von der Tochter werden neben den pflegebedingten Aufwendungen in Höhe von 800,00 Euro Fahrkosten für öffentliche Verkehrsmittel in Höhe von 90,00 Euro nachgewiesen.

Kostenübernahme für die Verhinderungspflege	= 800,00 Euro
plus Fahrkosten	= 90,00 Euro
Gesamt	= 890,00 Euro
Berechnung der Pflegegeldansprüche:	
für den 03.01. und 13.02. volles Pflegegeld (599,00 Euro x 2 / 30)	= 39,93 Euro
vom 04.01. bis 12.02. hälftiges Pflegegeld (299,50 Euro x 40 / 30)	= 399,33 Euro

Ergebnis: Da es sich bei der Tochter um eine Verwandte bis zum zweiten Grad handelt, ist der Erstattungsbetrag auf den 1,5-fachen Betrag des Pflegegeldes (898,50 Euro) begrenzt. Die nachgewiesenen Kosten für die pflegebedingten Aufwendungen können in Höhe von 800,00 Euro zuzüglich Fahrkosten in Höhe von 90,00 Euro erstattet werden.

Der Anspruch auf Verhinderungspflege ist aus zeitlichen Gründen für das laufende Kalenderjahr ausgeschöpft. Dies gilt gleichermaßen für den Anspruch auf Weiterzahlung des hälftigen Pflegegeldes. Für den ersten und letzten Tag der Verhinderungspflege am 03.01. und 13.02. wird volles Pflegegeld in Höhe von 39,93 Euro (599,00 Euro x 2 / 30)

gezahlt. Für den Zeitraum vom 04.01. bis 12.02. besteht ein Anspruch auf hälftiges Pflegegeld in Höhe von 399,33 Euro (50 Prozent von 599,00 Euro = 299,50 Euro x 40 / 30).
Der nicht verwendete Leistungsbetrag der Verhinderungspflege in Höhe von 795,00 Euro kann im laufenden Kalenderjahr für die Kurzzeitpflege in Anspruch genommen werden.

Beispiel:

Die Verhinderungspflege bei einem Pflegegeldempfänger des Pflegegrades 4 wird von dessen nicht mit ihm in häuslicher Gemeinschaft lebenden Sohn vom 20.04. bis 10.05. (21 Kalendertage) durchgeführt. Von der Pflegeperson werden pflegebedingte Aufwendungen in Höhe von 650,00 Euro, ein Verdienstausfall in Höhe von 1.445,00 Euro und Fahrkosten in Höhe von 84,00 Euro (20 km x 0,20 Euro = 4,00 Euro x 21 Tage) nachgewiesen. Der Pflegebedürftige entscheidet sich für die Verwendung des Leistungsbetrags der Kurzzeitpflege.

Kostenübernahme für die Verhinderungspflege	= 650,00 Euro
plus Fahrkosten	= 84,00 Euro
plus Verdienstausfall	= 1.445,00 Euro
Gesamt	= 2.179,00 Euro
Berechnung der Pflegegeldansprüche:	
für den 20.04. und 10.05. volles Pflegegeld (800,00 Euro x 2 / 30)	= 53,33 Euro
vom 21.04. bis 09.05. hälftiges Pflegegeld (400,00 Euro x 19 / 30)	= 253,33 Euro

Ergebnis: Der Höchstbetrag von 1.685,00 Euro wird überschritten. Jedoch kann der Höchstbetrag durch nicht in Anspruch genommene Leistungen der Kurzzeitpflege um bis zu 843,00 Euro erhöht werden. Infolgedessen kann die Pflegekasse die nachgewiesenen Kosten für die pflegebedingten Aufwendungen in Höhe von 650,00 Euro zuzüglich der Fahrkosten in Höhe von 84,00 Euro sowie den Verdienstausfall in Höhe von 1.445,00 Euro vollumfänglich erstatten. Für das laufende Kalenderjahr besteht für Leistungen der Kurzzeitpflege ein Restanspruch in Höhe von bis zu 1.360,00 Euro. Im Fall einer erneuten Verhinderungspflege besteht ein Leistungsanspruch in Höhe von 349,00 Euro aus nicht verwendeten Mitteln der Kurzzeitpflege für bis zu 21 Tage.

Verwendung des nicht in Anspruch genommenen Leistungsbetrags der Kurzzeitpflege nach § 42 SGB XI

Der Leistungsbetrag der Verhinderungspflege nach § 39 Abs. 1 Satz 3 SGB XI in Höhe von bis zu 1.685,00 Euro kann um bis zu 843,00 Euro aus noch nicht in Anspruch genommenen Mitteln der Kurzzeitpflege nach § 42 Abs. 2 Satz 2 SGB XI auf insgesamt 2.418,00 Euro im Kalenderjahr erhöht werden. Wird die Verhinderungspflege durch Pflegepersonen erbracht, die mit dem Pflegebedürftigen bis zum zweiten Grad verwandt oder verschwägert sind oder mit ihm in häuslicher Gemeinschaft leben, gilt dies insoweit, falls im Zusammenhang mit der Verhinderungspflege weitere notwendige Aufwendungen nachgewiesen werden (vgl. § 39 Abs. 3 Satz 3 und 4 SGB XI).

Beispiel Teil 1:

Die Verhinderungspflege eines Pflegebedürftigen des Pflegegrades 3 wird von einem ambulanten Pflegedienst vom 02.03. bis 29.03. (28 Kalendertage) erbracht und in Höhe von 1.570,00 Euro nachgewiesen. Die Leistungen der Kurzzeitpflege nach § 42 SGB XI wurden bisher nicht in Anspruch genommen.

Ergebnis: Die Pflegekasse übernimmt die durch den ambulanten Pflegedienst entstandenen Aufwendungen in Höhe von 1.570,00 Euro. Für den Zeitraum vom 03.03. bis 28.03. wird ein hälftiges Pflegegeld gezahlt. Für den ersten und letzten Tag der Verhinderungspflege am 02.03. und 29.03. wird das Pflegegeld in voller Höhe gezahlt.

Beispiel Teil 2:

Der Pflegebedürftige nimmt erneut Leistungen der Verhinderungspflege vom 15.06. bis 30.06. (16 Kalendertage) in Anspruch. Die Verhinderungspflege wird von einem ambulanten Pflegedienst in Höhe von 744,00 Euro (täglich 46,50 Euro) erbracht. Der Pflegebedürftige entscheidet sich für die Verwendung des noch zur Verfügung stehenden Leistungsbetrags der Kurzzeitpflege.

Ergebnis: Durch die bereits in Anspruch genommenen Leistungen der Verhinderungspflege in Höhe von 1.570,00 Euro besteht noch ein Restanspruch in Höhe von 115,00 Euro (1.685,00 Euro - 1.570,00 Euro). Da der Pflegebedürftige im laufenden Kalenderjahr keine Leistungen der Kurzzeitpflege in Anspruch genommen hat, kann er den Leistungsbetrag der Verhinderungspflege in Höhe von 1.685,00 Euro um den nicht in Anspruch genommenen Leistungsbetrag der Kurzzeitpflege nach § 42 Abs. 2 Satz 1 SGB XI um bis zu 806,00 Euro erhöhen.

Aufgrund der vorangegangenen Verhinderungspflege (28 Tage) besteht noch ein Restanspruch von 14 Tagen. Während dieser Zeit sind Kosten in Höhe von 651,00 Euro (14 Tage x 46,50 Euro) entstanden. Der für die Verhinderungspflege in Anspruch genommene Erhöhungsbetrag in Höhe von 536,00 Euro (651,00 Euro - 115,00 Euro) ist auf den Leistungsbetrag der Kurzzeitpflege nach § 42 Abs. 2 Satz 1 SGB XI anzurechnen. Im laufenden Kalenderjahr besteht ein Restanspruch auf Leistungen der Kurzzeitpflege in Höhe von 1.149,00 Euro (1.685,00 Euro - 536,00 Euro). Somit ist der Leistungsanspruch für die Verhinderungspflege für das laufende Kalenderjahr ausgeschöpft.

Für den Zeitraum vom 16.06. bis 27.06. wird ein hälftiges Pflegegeld gezahlt. Für den ersten Tag der Inanspruchnahme am 15.06. und dem letzten Tag der Leistungsgewährung nach § 39 SGB XI am 28.06. und der ab diesem Zeitpunkt insoweit sichergestellten Pflege wird das volle Pflegegeld gezahlt.

Ausschöpfung des Leistungsanspruchs

Ist der Leistungsanspruch für das laufende Kalenderjahr bereits ausgeschöpft, kann bei Verhinderungspflege im häuslichen Bereich für die weitere Dauer der Verhinderungspflege aufgrund der selbst sichergestellten Pflege das Pflegegeld gezahlt werden, sofern die Voraussetzungen dafür erfüllt sind.

Ist der Pflegebedürftige in einer nicht zugelassenen Pflegeeinrichtung untergebracht, steht ihm nach Ausschöpfung des Leistungsrahmens Pflegegeld nach § 37 SGB XI zu.

Sofern der Leistungsrahmen der Verhinderungspflege entweder in der Höhe oder von den Kalendertagen ausgeschöpft ist, stehen dem Pflegebedürftigen bereits ab diesem Zeitpunkt für den weiteren – kurzzeitigen – Aufenthalt in einer zugelassenen Pflegeeinrichtung grundsätzlich bei Vorliegen der weiteren Voraussetzungen die Leistungen der Kurzzeitpflege nach § 42 SGB XI oder der vollstationären Pflege nach § 43 SGB XI zur Verfügung, wenn die Pflegeeinrichtungen nach § 72 SGB XI zur Kurzzeitpflege bzw. vollstationären Pflege zugelassen sind. Ist die Pflegeeinrichtung nicht nach § 72 SGB XI zur Kurzzeitpflege bzw. vollstationären Pflege zugelassen, kommt aufgrund der insoweit sichergestellten Pflege die Zahlung des Pflegegeldes nach in § 37 SGB XI festgelegten Pflegegeldbeträgen in Betracht.

Beispiel:

Ein Pflegebedürftiger des Pflegegrades 2 stellt für den Zeitraum vom 01.04. bis 15.05. (45 Kalendertage) einen für dieses Kalenderjahr erstmaligen Antrag auf Verhinderungspflege für die Unterbringung in einer nicht zugelassenen Pflegeeinrichtung. Die pflegebedingten Aufwendungen betragen täglich 58,00 Euro. Der Leistungsrahmen der Kurzzeitpflege nach § 42 SGB XI wurde im Februar ausgeschöpft.

Ergebnis: Der Höchstbetrag in Höhe von 1.685,00 Euro wird bereits am 30.04. (1.685,00 Euro / 58,00 Euro = 29,05 Tage, aufgerundet auf volle Tage) ausgeschöpft. Anspruch auf volles Pflegegeld nach § 37 SGB XI besteht für den 01.04. und für die Zeit ab dem 30.04. für die restliche Dauer der Unterbringung. Für die Zeit vom 02.04. bis 27.04. wird hälftiges Pflegegeld gezahlt.

Kurzzeitpflege

In Fällen, in denen weder häusliche Pflege noch teilstationäre Pflege möglich ist, haben Pflegebedürftige des Pflegegrades 2 bis 5 für die Dauer von bis zu acht Wochen je Kalenderjahr Anspruch auf (stationäre)

Kurzzeitpflege. Dieser Anspruch besteht auch dann, wenn bereits bei Aufnahme in die Kurzzeitpflegeeinrichtung feststeht, dass im Anschluss an die Kurzzeitpflege eine vollstationäre Pflege in einer Pflegeeinrichtung erfolgen soll. Der Anspruchsberechtigte wird für einen begrenzten Zeitraum in eine vollstationäre Einrichtung aufgenommen und dort gepflegt.

In Betracht kommt die Kurzzeitpflege:

- für eine Übergangszeit direkt nach einer stationären Behandlung in einem Krankenhaus oder einer Rehabilitationseinrichtung oder wenn die Kurzzeitpflege innerhalb eines vertretbaren Zeitraums – analog der Anschlussrehabilitation – nach der Entlassung aus der stationären Behandlung durchgeführt wird. Insbesondere kann dies erforderlich sein, wenn etwa für die häusliche Pflege in der Wohnung des Pflegebedürftigen noch Umbaumaßnahmen erforderlich sind oder die Pflegeperson die Pflege noch nicht sofort übernehmen kann.
- für Zeiten der Krankheit, des Urlaubs oder einer sonstigen Verhinderung der Pflegeperson, die nicht mit Leistungen nach § 39 SGB XI überbrückt werden können, oder in Krisenzeiten, z. B. bei völligem Ausfall der bisherigen Pflegeperson oder kurzfristiger erheblicher Verschlimmerung der Pflegebedürftigkeit.

Pflegebedürftige des Pflegegrades 1 können den ihnen zustehenden Entlastungsbetrag von 131,00 Euro monatlich im Wege der Kostenerstattung für Leistungen der Kurzzeitpflege einsetzen.

Im Pflegegrad 2 bis 5 wurde der Leistungsbetrag von 1.744,00 Euro auf 1.854,00 Euro zum 01.01.2025 erhöht, für bis zu acht Wochen im Kalenderjahr.

Insbesondere wenn Pflegebedürftigkeit noch nicht festgestellt wurde, kann es bei dem Übergang aus einer stationären Behandlung in einem Krankenhaus oder einer stationären Rehabilitationseinrichtung in eine Kurzzeitpflegeeinrichtung zu Problemen kommen. Eine zügige Begutachtung durch den MD oder durch den von der Pflegekasse beauftragten Gutachter im Krankenhaus bzw. der stationären Rehabilitationseinrichtung ist für einen reibungslosen Übergang unumgänglich. Von daher ist die Begutachtung unverzüglich, spätestens innerhalb einer

Woche nach Eingang des Antrags des Versicherten bei der zuständigen Pflegekasse durchzuführen, wenn der Versicherte sich in einem Krankenhaus oder einer stationären Rehabilitationseinrichtung befindet. In regionalen Vereinbarungen kann diese Frist verkürzt werden.

> ***Praxis-Tipp:***
>
> *Während der Kurzzeitpflege wird hälftiges Pflegegeld für einen Zeitraum bis zu acht Wochen je Kalenderjahr ohne zusätzliche Beantragung weitergezahlt.*

Leistungsinhalt

Inhalt der allgemeinen Pflegeleistungen sind die im Einzelfall erforderlichen Hilfen in dem anerkannten Pflegegrad zur Unterstützung, zur teilweisen oder zur vollständigen Übernahme der Aktivitäten im Ablauf des täglichen Lebens oder zur Beaufsichtigung oder Anleitung mit dem Ziel der eigenständigen Durchführung von Aktivitäten. Die Hilfen sollen diejenigen Maßnahmen enthalten, die Pflegebedürftigkeit mindern sowie einer Verschlimmerung der Pflegebedürftigkeit und der Entstehung von Sekundärerkrankungen vorbeugen.

Zu diesen allgemeinen Pflegeleistungen gehören je nach Einzelfall:

- körperbezogene Pflegemaßnahmen
- pflegerische Betreuungsmaßnahmen
- medizinische Behandlungspflege

Darüber hinaus haben Pflegebedürftige (Pflegegrad 1 bis 5) in teil- und vollstationären Einrichtungen einen individuellen Rechtsanspruch auf Maßnahmen der zusätzlichen Betreuung und Aktivierung. Diese Leistung wird über einen gesonderten Zuschlag zur Pflegevergütung abgegolten.

Entlastungsbetrag

Der Entlastungsbetrag ist Bestandteil der häuslichen Pflege, das heißt, er ergänzt die Leistungen der ambulanten und teilstationären Pflege in der häuslichen Umgebung. Dies kann der eigene Haushalt, der Haushalt der Pflegeperson oder ein Haushalt sein, in dem der Pflegebedürftige aufgenommen wurde. Das gilt gleichermaßen, wenn der Pflegebedürftige in einem Heim lebt.

Leistungsinhalt

Bei dem Entlastungsbetrag handelt es sich um einen Zuschuss, der zweckgebunden nur für die gesetzlich normierten Sachleistungsangebote, die nachfolgend genannt werden, in Betracht kommt. Hierbei handelt es sich um Angebote, die auf die Entlastung der/des pflegenden Angehörigen und vergleichbar Nahestehenden sowie zur Förderung der Selbstständigkeit und Selbstbestimmtheit der Pflegebedürftigen bei der Gestaltung ihres Alltags ausgerichtet sind. Darüber hinaus soll der Entlastungsbetrag dazu beitragen, die Infrastruktur und damit das notwendige Angebot für die Pflegebedürftigen sowie deren pflegende Angehörige und vergleichbar Nahestehenden zu verbessern.

Der Entlastungsbetrag dient der Erstattung von Aufwendungen, die dem Versicherten im Zusammenhang mit der Inanspruchnahme folgender Leistungen entstehen:

- Tages- und Nachtpflege oder
- Kurzzeitpflege.

Der Entlastungsbetrag kann zum einen die Regelleistung der Tages- und Nachtpflege sowie der Kurzzeitpflege insoweit ergänzen, als damit diese Leistungen für einen längeren Zeitraum oder in höherer Frequenz beansprucht werden können, zum anderen können die Leistungen der Kurzzeitpflege ausschließlich durch den Entlastungsbetrag finanziert werden.

Dieser beträgt ab dem 01.01.2025 für die Pflegegrade 1 bis 5 131,00 Euro monatlich. Dies beispielsweise, wenn der Pflegebedürftige aus den vergangenen Monaten den Entlastungsbetrag nicht genutzt hat. In diesen Fällen handelt es sich nicht um eine Inanspruchnahme der Leistungen nach § 42 SGB XI, sodass keine Anrechnung auf die Leistungsdauer und -höhe nach § 42 SGB XI erfolgt. Das Pflegegeld nach § 37 SGB XI wird bei Pflegebedürftigen der Pflegegrade 2 bis 5 in voller Höhe weitergezahlt. Eine Anrechnung des Pflegegeldes auf den Entlastungsbetrag ist ausgeschlossen. Im Einzelfall könnte es sich anbieten, vorrangig den Entlastungsbetrag einzusetzen. Hierauf sollte insbesondere in der Pflegeberatung hingewiesen werden.

Gefordert wird nicht, dass die Tages- und Nachtpflegeeinrichtung bzw. die Kurzzeitpflegeeinrichtung ein spezielles auf den pflegebedürftigen Personenkreis ausgerichtetes Leistungsangebot bereitstellt. Die Entlastung der/des pflegenden Angehörigen und vergleichbar nahestehender Pflegepersonen sowie infrastrukturfördernde Effekte stehen im Mittelpunkt. Maßgeblich für die Leistungsgewährung ist allein die finanzielle Eigenbelastung des Versicherten aufgrund der Inanspruchnahme der Tages- und Nachtpflege bzw. der Kurzzeitpflege.

Zu den erstattungsfähigen Eigenbelastungen bei Inanspruchnahme der Tages- und Nachtpflege bzw. der Kurzzeitpflege zählen auch die vom Pflegebedürftigen zu tragenden Entgelte für Unterkunft und Verpflegung sowie die Investitionskosten. Die Fahr- und Transportkosten, die im Zusammenhang mit der Inanspruchnahme der Kurzzeitpflege entstehen, zählen auch zu den erstattungsfähigen Eigenleistungen. Auch hierzu gilt die zuvor beschriebene Zielsetzung.

Beispiel: Tages-/Nachtpflege und Entlastungsbetrag

Der Pflegebedürftige (Pflegegrad 3) besucht an insgesamt 22 Tagen im April eine Tagespflegeeinrichtung. Diese berechnet einen täglichen Pflegesatz in Höhe von 62,80 Euro.

Berechnung des Entgelts:

62,80 Euro x 22 Tage = 1.381,60 Euro

Ermittlung des Leistungsanspruchs:

Die Pflegekasse kann 1.298,00 Euro zur Verfügung stellen. Auf Antrag des Pflegebedürftigen erstattet die Pflegekasse die Differenz in Höhe von 83,60 Euro (1.381,60 Euro - 1.298,00 Euro) als Entlastungsbetrag, da der Pflegebedürftige von Januar bis April insgesamt einen Anspruch auf den Entlastungsbetrag im Umfang von bis zu 524,00 Euro (131,00 Euro x 4 Monate) erworben hat. Es besteht noch ein Restanspruch auf den Entlastungsbetrag in Höhe von bis zu 440,40 Euro (524,00 Euro - 83,60 Euro).

Der Entlastungsbetrag kann für die Erstattung von Leistungen ambulanter Pflegedienste (sog. Sachleistung) verwendet werden. Die

Leistungen können sich dabei auf die Inanspruchnahme von körperbezogenen Pflegemaßnahmen, pflegerischen Betreuungsleistungen und Hilfen bei der Haushaltsführung erstrecken.

Bei Pflegebedürftigen der Pflegegrade 2 bis 5 erfolgt jedoch keine Erstattung von Aufwendungen, die im Zusammenhang mit der Inanspruchnahme von Leistungen aus dem Bereich der Selbstversorgung nach § 14 Abs. 2 Nr. 4 SGB XI entstehen.

Um den Bedarf an Leistungen aus dem Bereich der Selbstversorgung abzudecken, steht diesem Personenkreis jeweils der Pflegesachleistungsbetrag nach § 36 SGB XI zur Verfügung. Diese Leistungseinschränkung gilt jedoch nicht für Pflegebedürftige des Pflegegrades 1. Diese können den Entlastungsbetrag hingegen auch für Aufwendungen einsetzen, die ihnen im Zusammenhang mit der Inanspruchnahme von Leistungen aus dem Bereich der Selbstversorgung entstehen. Zu den erstattungsfähigen Eigenbelastungen bei der Inanspruchnahme von Leistungen zugelassener Pflegedienste zählen auch die vom Pflegebedürftigen zu tragenden Investitionskosten. Bei Pflegebedürftigen der Pflegegrade 2 bis 5 gilt dies nur insoweit, dass diese nicht in Zusammenhang mit der Inanspruchnahme von Leistungen aus dem Bereich der Selbstversorgung entstanden sind. Investitionskosten, die im Rahmen des Beratungsbesuchs nach § 37 Abs. 3 SGB XI bei Pflegebedürftigen entstehen, können nicht übernommen werden.

Dieser beträgt ab dem 01.01.2025 für die Pflegegrade 1 bis 5 131,00 Euro monatlich. Der Entlastungsbetrag kann ebenso für die Erstattung von Leistungen zugelassener Betreuungsdienste verwendet werden, sofern es sich ausschließlich um pflegerische Betreuungsleistungen und Hilfen bei der Haushaltsführung handelt. Dies gilt gleichfalls für die erstattungsfähigen Investitionskosten.

Angebote zur Unterstützung im Alltag i. S. d. § 45a SGB XI (vgl. § 45a Nr. 1 SGB XI).

Die Erstattung der Aufwendung erfolgt auch, wenn für die Finanzierung der

- Tages- oder Nachtpflege,
- Kurzzeitpflege,

- entsprechenden Angebote zugelassener Pflegedienste oder
- anerkannten Angebote zur Unterstützung im Alltag

Mittel der Verhinderungspflege eingesetzt werden.

Beispiele für Angebote zur Unterstützung können sein:

- Betreuungsgruppen für an Demenz erkrankte Menschen
- Helferkreise zur stundenweisen Entlastung pflegender Angehöriger im häuslichen Bereich
- Tagesbetreuung in Kleingruppen
- Agenturen zur Vermittlung von Betreuungs- und Entlastungsleistungen sowohl für Pflegebedürftige als auch Pflegepersonen
- familienentlastende Dienste
- Serviceangebote für haushaltsnahe Dienstleistungen

Voraussetzung ist, dass die Angebote nach Landesrecht anerkannt sind. Eine Übersicht über die Angebote wird vom Bundesland bzw. einer vom Land bestimmten Stelle den Landesverbänden der Pflegekassen übermittelt.

> ***Praxis-Tipp:***
>
> *Fragen Sie bei Ihrer Pflegekasse nach einer Übersicht regionaler Angebote. Aufgrund der Verpflichtung zur Führung einer Preis- und Leistungsübersicht müssen auch diese Unterstützungsangebote gelistet werden. Ansonsten sind meist die Sozialministerien der Länder zuständig. Auch hier können Sie nachfragen.*

Ein Anspruch auf den Entlastungsbetrag besteht beispielsweise dann, wenn die Leistungen der Kurzzeitpflege ausgeschöpft sind und der Pflegebedürftige der Pflegegrade 2 bis 5 weiterhin in der Einrichtung der Kurzzeitpflege verbleibt, die Finanzierung nunmehr aber im Rahmen der Leistungen der Verhinderungspflege erfolgt. Gleiches gilt, wenn anerkannte Angebote zur Unterstützung im Alltag im Rahmen der Verhinderungspflege in Anspruch genommen werden (z. B. Freizeiten für Menschen mit Behinderung).

Leistungsumfang und Zahlung

Pflegebedürftige der Pflegegrade 1 bis 5 haben einen Anspruch auf den Entlastungsbetrag in Höhe von bis zu 131,00 Euro monatlich.

Die Leistungsansprüche sind als monatliche Ansprüche ausgewiesen, um der Zielsetzung einer regelmäßig fortlaufenden Betreuung Ausdruck zu verleihen. Hierbei ist § 41 SGB I maßgeblich, wonach Ansprüche auf Sozialleistungen erst mit ihrem Entstehen fällig werden. Ein Zugriff auf zukünftig entstehende Leistungsansprüche ist deshalb nicht möglich. Nicht in Anspruch genommene Beträge für zurückliegende Monate können in den Folgemonaten des Kalenderjahres berücksichtigt werden.

Beispiel: Tages-/Nachtpflege und Entlastungsbetrag

Der Pflegebedürftige (Pflegegrad 2) besucht an insgesamt 19 Tagen im März eine Tagespflegeeinrichtung. Diese berechnet einen täglichen Pflegesatz in Höhe von 65,50 Euro.

Berechnung des Entgelts:

65,50 Euro x 19 Tage = 1.244,50 Euro

Ermittlung des Leistungsanspruchs:

Die Pflegekasse kann 721,00 Euro zur Verfügung stellen. Auf Antrag des Pflegebedürftigen können mit dem erworbenen Anspruch auf den Entlastungsbetrag nach § 45b SGB XI von Januar bis März darüber hinaus Leistungen in Höhe von 393,00 Euro (131,00 Euro x 3 Monate) erstattet werden. Dem Pflegebedürftigen entsteht ein Eigenanteil in Höhe von 130,50 Euro (1.244,50 Euro - 721,00 Euro - 393,00 Euro). Dieser Restbetrag kann mit dem Anspruch auf den Entlastungsbetrag in den Folgemonaten (April bis Dezember) aufgefangen werden.

Die Erstattung erfolgt gegen Nachweis entsprechender Aufwendungen und ergänzt bei Pflegebedürftigen des Pflegegrades 2 bis 5 die ambulanten Leistungen (Pflegegeld, Pflegesachleistung, Kombinationsleistung) sowie die teil- bzw. stationären Leistungen (Tages-/Nachtpflege, Kurzzeitpflege). Dies gilt auch für Pflegebedürftige, die Leistungen nach § 43a SGB XI erhalten und den Entlastungsbetrag während der

Betreuung an den Wochenenden oder in den Ferienzeiten in der Familie in Anspruch nehmen. Bei Pflegegerad 1 ergänzt der Entlastungsbetrag die nach § 28a SGB XI gewährten ambulanten Leistungen. Für Beihilfeberechtigte gilt § 28 Abs. 2 SGB XI entsprechend.

Einer gesonderten Antragstellung vor der erstmaligen Inanspruchnahme des Entlastungsbetrags bedarf es nicht. Ausreichend ist, wenn der Antrag auf Erstattung der Kosten nachträglich eingereicht wird. Der Anspruch entsteht mit Vorliegen der Anspruchsvoraussetzungen, also mit Feststellung des Vorliegens von Pflegebedürftigkeit i. S. d. §§ 14, 15 SGB XI und häuslicher Pflege. Wird ein Nachweis über die erbrachten Aufwendungen für die in § 45b Abs. 1 Nr. 1 bis 4 SGB XI genannten Leistungen eingereicht, ist dies als Antrag zu werten.

Erfüllt der Versicherte die Anspruchsvoraussetzungen für die Leistungsgewährung erst im Laufe eines Kalenderjahres, ist der Entlastungsbetrag ab dem Kalendermonat und für den vollen Monat zur Verfügung zu stellen, in dem der Anspruch auf die Leistung erfüllt wird. Der Entlastungsbetrag kann nicht für Leistungen verwendet werden, die vor der Leistungsbewilligung in Anspruch genommen worden sind.

5.

Soziale Sicherung

Soziale Sicherung durch Sozialversicherungsträger

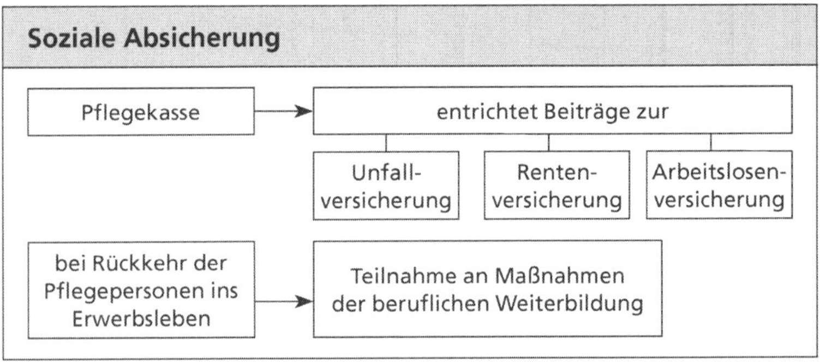

Zur sozialen Absicherung der Pflegepersonen entrichten die Pflegekassen und die privaten Versicherungsunternehmen, bei denen eine private Pflegepflichtversicherung durchgeführt wird, Beiträge an die zuständigen Sozialversicherungsträger, wenn die jeweiligen Voraussetzungen vorliegen. Diese werden im Folgenden näher erläutert.

Gesetzliche Krankenversicherung

Bei einer stationären Rehabilitation haben pflegende Angehörige auch Anspruch auf die Versorgung der Pflegebedürftigen, wenn diese in derselben Einrichtung aufgenommen werden. Nach dem Willen des Gesetzgebers sollen sowohl der oder die pflegende Angehörige als auch der oder die Pflegebedürftige in die Reha-Einrichtungen aufgenommen werden können, z. B. bei Anschluss der Reha an einen ambulanten Pflegedienst. Sollen die Pflegebedürftigen in einer anderen als in der Einrichtung der pflegenden Angehörigen aufgenommen werden, koordiniert die Krankenkasse mit der Pflegekasse der Pflegebedürftigen deren Versorgung auf Wunsch der pflegenden Angehörigen und mit Einwilligung der Pflegebedürftigen.

Eventuell kann es dazu kommen, dass die Pflege Ihres Angehörigen mehr Zeit für Sie in Anspruch nimmt und Sie sich überlegen, Ihre Arbeitszeit zu reduzieren oder Ihren bisherigen Arbeitsplatz aufzugeben.

Die entsprechenden Regelungen in der Kranken-, Pflege-, Renten-, Arbeitslosen- und Unfallversicherung werden nun näher erläutert.

Wie sieht es mit Ihrer Kranken- und Pflegeversicherung während der Pflegezeit aus?

Bleiben Sie neben der Pflegetätigkeit weiterhin in Teil- oder Vollzeit erwerbstätig, sind Sie nach wie vor über Ihre sozialversicherungspflichtige Tätigkeit kranken- und pflegeversichert.

Wenn Sie kein eigenes und nur ein geringes Einkommen haben, können Sie sich unter bestimmten Voraussetzungen in der Familienversicherung Ihres Ehe- bzw. eingetragenen Lebenspartners (i. S. d. Lebenspartnerschaftsgesetzes – LPartG) beitragsfrei mitversichern.

Gesetzliche Unfallversicherung

Nach § 2 Abs. 1 Nr. 17 Siebtes Buch Sozialgesetzbuch (SGB VII) sind in der gesetzlichen Unfallversicherung Pflegepersonen gesetzlich versichert, die einen Pflegebedürftigen mindestens in Pflegegrad 2 im Sinne der gesetzlichen Pflegeversicherung pflegen. Die versicherte Tätigkeit erstreckt sich auf alle pflegerischen Maßnahmen in den in § 14 Abs. 2 SGB XI genannten Bereichen und auf die Hilfen bei der Haushaltsführung nach § 18 Abs. 5a Satz 3 Nr. 2 SGB XI.

Betroffene Pflegepersonen

Von der Unfallversicherungspflicht werden nicht die Pflegepersonen erfasst, die partiell ehrenamtlich in Pflegetätigkeiten involviert sind. § 44 Abs. 2a SGB XI regelt, dass nur Pflegepersonen im Sinne des § 19 SGB XI in Betracht kommen, die einen Pflegebedürftigen mindestens in Pflegegrad 2 pflegen. Die Pflege muss zudem im häuslichen Bereich des Pflegebedürftigen ausgeübt werden. Die Pflegeperson kann sich nicht aussuchen, ob sie vom Unfallversicherungsschutz der gesetzlichen Unfallversicherung erfasst werden möchte oder nicht. Die Versicherung kommt kraft Gesetzes zustande.

Vom gesetzlichen Unfallversicherungsschutz werden Pflegepersonen erfasst, die einen Pflegebedürftigen nicht erwerbsmäßig in dessen häuslicher Umgebung pflegen. Dabei muss die Pflegetätigkeit wenigstens

- zehn Stunden wöchentlich betragen und
- verteilt auf zwei Tage in der Woche sein.

Diese gesetzlich geforderte Mindestpflegezeit kann auch durch die Ausübung mehrerer nicht erwerbsmäßiger Pflegetätigkeiten erreicht werden.

Ehrenamtliche Pflegetätigkeiten sind solche, die unentgeltlich erfolgen. Das heißt, dass die Pflegetätigkeit nicht erwerbsmäßig ausgeübt werden darf bzw. dass die Pflegeperson die Pflegetätigkeit unentgeltlich ausüben muss. Unentgeltlich bedeutet allerdings nicht, dass die Pflegeperson überhaupt kein Entgelt erhalten darf. Bei Verwandten bzw. nahen Familienangehörigen wird stets eine unentgeltliche Pflegetätigkeit angenommen, ohne dass eine finanzielle Zuwendung beachtet wird. Sollte es sich um andere Pflegepersonen handeln, z. B. Nachbarn, Freunde, Bekannte, ist die Unentgeltlichkeit auch dann gegeben, wenn die Pflegeperson ein Entgelt erhält, das das Pflegegeld entsprechend dem Pflegegrad des Pflegebedürftigen nicht überschreitet.

Definition des Begriffs „Häusliche Umgebung“

Die Pflege muss für den gesetzlichen Unfallversicherungsschutz nach § 2 Abs. 1 Nr. 17 SGB VII in der häuslichen Umgebung des Pflegebedürftigen ausgeübt werden. Dabei gilt jedoch ein erweiterter Häuslichkeitsbegriff. So ist die Pflege in der häuslichen Umgebung auch dann erfüllt, wenn diese im Haushalt der Pflegeperson oder im Haushalt einer dritten Person durchgeführt wird. Auch die Pflege in einem Altenwohnheim oder einer Altenwohnung gilt als „häusliche Umgebung“ des Pflegebedürftigen. Ohne Bedeutung ist in diesem Zusammenhang, ob der Pflegebedürftige seinen Haushalt selbstständig führen kann oder nicht.

Wird die Pflege jedoch in einer vollstationären Pflegeeinrichtung oder in Einrichtungen wie Werkstätten oder Wohnheimen für behinderte Menschen, Internaten oder Schulen ausgeführt, fällt dies nicht unter den Begriff der „häuslichen Umgebung“, sodass hierdurch kein Unfallversicherungsschutz für die Pflegeperson begründet wird.

Zum 01.01.2017 wurden die bislang geltenden Pflegestufen in Pflegegrade überführt. Seitdem kennt die soziale Pflegeversicherung insgesamt fünf Pflegegrade, die den Grad der Selbstständigkeit und der Fähigkeiten abbilden.

Voraussetzung für den Unfallversicherungsschutz ist, dass der Pflegebedürftige mindestens dem Pflegegrad 2 zugeordnet ist. Sollte „nur" eine Zuordnung zum Pflegegrad 1 bestehen, kommt für die Pflegeperson kein gesetzlicher Unfallversicherungsschutz zustande. Der Pflegegrad 1 bedeutet, dass bei dem Pflegebedürftigen nur geringe Beeinträchtigungen der Selbstständigkeit und Fähigkeiten vorliegen, weshalb in diesem Pflegegrad auch nur ein eingeschränkter Leistungsumfang zur Verfügung steht.

Maßgebend für die Zuordnung zu einem Pflegegrad ist der Bescheid der zuständigen Pflegekasse. Der Unfallversicherungsträger selbst entscheidet nicht über die Zuordnung zu einem Pflegegrad und damit, ob diese gesetzliche Voraussetzung für den Unfallversicherungsschutz erfüllt ist.

Der gesetzliche Unfallversicherungsschutz besteht auch dann, wenn die Leistungen aus der sozialen Pflegeversicherung ruhen. Dies ist beispielsweise dann der Fall, wenn der Pflegebedürftige die Pflegeleistungen aus der gesetzlichen Unfallversicherung bezieht, da die Pflegebedürftigkeit aufgrund eines Arbeitsunfalls eingetreten ist.

Versicherte Pflegetätigkeiten in der Unfallversicherung

§ 2 Abs. 1 Nr. 17 SGB VII verweist hinsichtlich der versicherten Pflegetätigkeiten auf § 14 Abs. 2 SGB XI und § 18 Abs. 5a Satz 3 SGB XI. Das bedeutet, dass nur die in diesen zwei Rechtsvorschriften genannten Pflegetätigkeiten vom gesetzlichen Unfallversicherungsschutz erfasst werden.

§ 14 Abs. 2 SGB XI nennt die Bereiche, die auch für die Bestimmung des Pflegegrades maßgebend sind:

- Mobilität: z. B. Hilfe beim Treppensteigen, beim Fortbewegen innerhalb des Wohnbereichs oder beim Umsetzen
- Kognitive und kommunikative Fähigkeiten: z. B. Hilfe bei Gedächtnisspielen und beim Lesen

- Verhaltensweisen und psychische Problemlagen: z. B. Beruhigung bei Angstzuständen oder Wahnvorstellungen, Schutz des Pflegebedürftigen vor sich selbst schädigendem Verhalten
- Selbstversorgung: z. B. Hilfe beim Waschen, Duschen oder Baden, beim An- und Auskleiden und bei der mundgerechten Zubereitung der Nahrung oder beim Eingießen von Getränken, bei der Benutzung der Toilette
- Bewältigung von krankheits- und therapiebedingten Anforderungen und Belastungen: z. B. Hilfe beim Katheterwechsel, Verbandswechsel und Wundversorgung, Begleitung auf Hin- und Rückwegen zu Arzt- und Therapiebesuchen
- Gestaltung des Alltagslebens und sozialer Kontakte: z. B. Hilfen bei der Gestaltung und Planung des Tagesablaufs, Hilfen bei Interaktionen mit anderen Menschen

Vom gesetzlichen Unfallversicherungsschutz werden auch die Hilfen bei der Haushaltsführung entsprechend erfasst. Hierzu gehören unter anderem die Erledigung von Einkäufen für den täglichen Bedarf, Wäschepflege, Aufräum- und Reinigungsarbeiten und die Zubereitung einfacher Mahlzeiten.

Die außerhäuslichen Aktivitäten, die in keinem unmittelbaren Zusammenhang mit den pflegerischen Maßnahmen und den Hilfen bei der Haushaltsführung stehen, sind hingegen nicht gesetzlich unfallversichert. Diese außerhäuslichen Aktivitäten sind in § 18 Abs. 5a Satz 3 Nr. 1 SGB XI aufgeführt. Auf diese Rechtsvorschrift verweist § 2 Abs. 1 Nr. 17 SGB VII nicht.

Ebenfalls wird der unmittelbare Weg zur und von der Pflegetätigkeit vom gesetzlichen Unfallversicherungsschutz erfasst (vgl. § 8 Abs. 2 Nr. 1 SGB VII).

Umfang des Versicherungsschutzes

Vom gesetzlichen Unfallversicherungsschutz werden grundsätzlich nur Körperschäden, jedoch keine Sachschäden im Zusammenhang mit der Pflegetätigkeit erfasst. Das heißt, dass der Versicherungsschutz für Arbeitsunfälle, Wegeunfälle und Berufskrankheiten infolge der ehrenamtlichen, nicht erwerbsmäßigen Pflegetätigkeit besteht.

Wenn sich ein diesbezüglicher Unfall im Zusammenhang mit der Pflegetätigkeit ereignet, spricht man auch von sog. „Pflegeunfällen".

Ein Arbeitsunfall ist nach § 8 SGB VII ein Unfall, der sich infolge einer den Versicherungsschutz begründenden Tätigkeit – hier der Pflegetätigkeit – ereignet und der zu einem Gesundheitsschaden führt. Das Unfallereignis muss zeitlich begrenzt sein und von außen auf den Körper einwirken. Der Unfall muss eine körperliche Schädigung oder den Tod zur Folge haben.

Bei einem Wegeunfall handelt es sich um einen Unfall, den eine Pflegeperson auf dem Weg zum Ort oder vom Ort der Pflegetätigkeit erleidet.

Berufskrankheiten sind bestimmte Erkrankungen, die während der Pflegetätigkeit durch gesundheitsschädliche Einwirkungen entstehen können. Denkbar sind hier z. B. Haut- oder Infektionskrankheiten.

Liegt ein Arbeitsunfall, ein Wegeunfall oder eine Berufskrankheit aufgrund einer Pflegetätigkeit vor, werden die Leistungen aus dem Leistungskatalog – sofern hierfür die Voraussetzungen vorliegen – der gesetzlichen Unfallversicherung erbracht. Dazu gehören u. a.:

- ärztliche Behandlung
- zahnärztliche Behandlung einschließlich der Versorgung mit Zahnersatz
- Versorgung mit Arznei-, Verbands-, Heil- und Hilfsmitteln
- häusliche Krankenpflege
- Behandlung in Krankenhäusern und Rehabilitationseinrichtungen
- Geldleistungen wie Verletztengeld, Verletztenrente (Unfallrente) und Hinterbliebenenrente

Leistungen bei Arbeitsunfall und Berufskrankheit

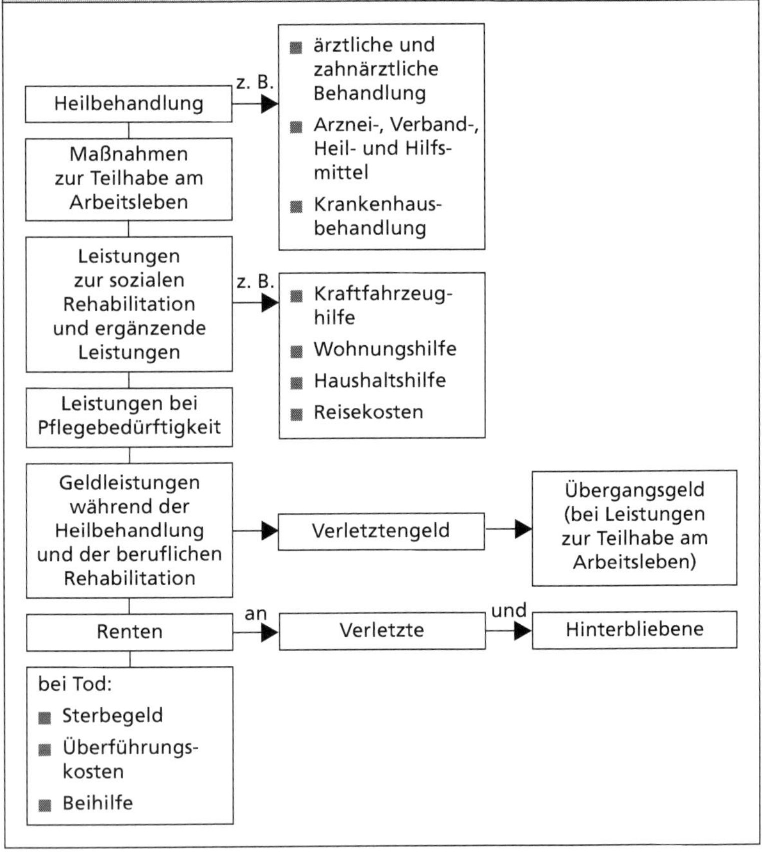

Zuständiger Unfallversicherungsträger

Der gesetzliche Unfallversicherungsschutz einer Pflegeperson wird durch die Gemeinden sichergestellt. Hierbei ist der kommunale Versicherungsträger zuständig, in dessen Bereich die Pflegetätigkeit ausgeübt wird.

Für den Unfallversicherungsschutz müssen weder von der Pflegeperson noch vom Pflegebedürftigen Beiträge geleistet werden. Auch die zuständige Pflegekasse muss für den Versicherungsschutz – anders als bei der Renten- und Arbeitslosenversicherungspflicht von Pflegepersonen – keine Beiträge aufbringen. Die Leistungen, die aufgrund des gesetzlichen Unfallversicherungsschutzes nach § 2 Abs. 1 Nr. 17 SGB VII aufgebracht werden müssen, sind nicht beitrags-, sondern steuerfinanziert.

Wichtig: Ein gesetzlicher Unfallversicherungsschutz wegen Pflege kann auch dann bestehen, wenn dieser nicht wegen einer ehrenamtlichen Pflegetätigkeit nach § 2 Abs. 1 Nr. 17 SGB VII eintritt. So ist eine Pflegeperson – dann nach anderen Rechtsvorschriften – auch unfallversichert, wenn die Pflege

- im Rahmen eines Beschäftigungsverhältnisses mit der pflegebedürftigen Person,
- durch Beschäftigte von ambulanten Pflegediensten oder durch Selbstständige,
- in landwirtschaftlichen Haushalten oder
- im Rahmen einer ehrenamtlichen Tätigkeit

erfolgt. In diesen Fällen sind dann auch unterschiedliche Zuständigkeiten bei den Unfallversicherungsträgern gegeben.

Zuständiger Unfallversicherungsträger je Bundesland

- **Baden-Württemberg**
  Unfallkasse Baden-Württemberg, Hauptsitz Stuttgart: Augsburger Straße 700, 70329 Stuttgart, Tel. 0711 9321-0
- **Bayern**
  Kommunale Unfallversicherung Bayern, Ungererstraße 71, 80805 München, Tel. 089 36093-0
- **Berlin**
  Unfallkasse Berlin, Culemeyerstraße 2, 12277 Berlin-Marienfelde, Tel. 030 7624-0

- **Brandenburg**
  Unfallkasse Brandenburg, Müllroser Chaussee 75, 15236 Frankfurt/Oder, Tel. 0335 5216-0
- **Bremen**
  Unfallkasse Freie Hansestadt Bremen, Konsul-Smidt-Straße 76a, 28217 Bremen, Tel. 0421 35012-0
- **Hamburg**
  Unfallkasse Nord, Standort Hamburg, Spohrstraße 2, 22083 Hamburg, Tel. 040 27153-0
- **Hessen**
  Unfallkasse Hessen, Leonardo-da-Vinci-Allee 20, 60486 Frankfurt/Main, Tel. 069 299724-40
- **Mecklenburg-Vorpommern**
  Unfallkasse Mecklenburg-Vorpommern, Wismarsche Straße 199, 19053 Schwerin, Tel. 0385 5181-0
- **Niedersachsen**
  Landesunfallkasse Niedersachsen, Am Mittelfelde 169, 30519 Hannover, Tel. 0511 8707-0
- **Nordrhein-Westfalen**
  Unfallkasse Nordrhein-Westfalen, St.-Franziskusstraße 146, 40470 Düsseldorf, Tel. 0211 9024-0
- **Rheinland-Pfalz**
  Unfallkasse Rheinland-Pfalz, Orensteinstraße 10, 56626 Andernach, Tel. 02632 9600
- **Saarland**
  Unfallkasse Saarland, Beethovenstraße 41, 66125 Saarbrücken, Tel. 06897 9733-0
- **Sachsen**
  Unfallkasse Sachsen, Rosa-Luxemburg-Straße 17a, 01662 Meißen, Tel. 03521 724-0
- **Sachsen-Anhalt**
  Unfallkasse Sachsen-Anhalt, Käsperstraße 31, 39261 Zerbst/Anhalt, Tel. 03923 751-0
- **Schleswig-Holstein**
  Unfallkasse Nord, Seekoppelweg 5a, 24113 Kiel, Tel. 0431 6407-0

- **Thüringen**
  Unfallkasse Thüringen, Humboldtstraße 111, 99867 Gotha, Tel. 03621 777-0

Gesetzliche Rentenversicherung

Rentenversicherungspflicht ehrenamtlicher Pflegepersonen nach § 3 SGB VI

Nicht erwerbsmäßig tätige Pflegepersonen werden vom Gesetzgeber unter anderem in der gesetzlichen Rentenversicherung abgesichert. Damit werden ehrenamtliche Pflegetätigkeiten honoriert und auch rentenrechtlich abgesichert.

§ 44 Elftes Buch Sozialgesetzbuch (SGB XI) regelt zur Verbesserung der sozialen Sicherung von Pflegepersonen die Zahlung von Rentenversicherungsbeiträgen für Pflegepersonen. Bei dieser Rechtsvorschrift handelt es sich allerdings lediglich um eine sogenannte „Einweisungsvorschrift“. In welchen Fällen es zu einer Versicherungspflicht in der Rentenversicherung kommt, ist in § 3 Sechstes Buch Sozialgesetzbuch (SGB VI) konkret geregelt.

Die rentenrechtliche Honorierung einer ehrenamtlichen Pflege wurde erstmals mit dem Rentenreformgesetz 1992, im Rahmen dessen das SGB VI eingeführt wurde, umgesetzt. Zunächst wurden die Pflegezeiten als Berücksichtigungszeiten wegen Pflege für die Rente anerkannt. Mit Einführung der sozialen Pflegeversicherung im Jahr 1995 kam es zu einer Rentenversicherungspflicht mit der Folge, dass die Pflegekasse auch – sofern alle gesetzlich geforderten Voraussetzungen für die Versicherungspflicht vorliegen – Beiträge zur Rentenversicherung entrichtet.

Durch die Einführung eines neuen Pflegebedürftigkeitsbegriffs zum 01.01.2017 und der fünf Pflegegrade, die die bisherigen drei Pflegestufen ersetzen, kam es nochmals zu einer weiteren deutlichen Verbesserung der rentenrechtlichen Absicherung für ehrenamtliche bzw. nicht erwerbsmäßigen Pflegepersonen.

Voraussetzungen für Rentenversicherungspflicht der Pflegepersonen

Nach § 3 Satz 1 Nr. 1a SGB VI sind Personen rentenversicherungspflichtig, wenn sie eine oder mehrere pflegebedürftige Personen nicht erwerbsmäßig pflegen. Die pflegebedürftigen Personen müssen hierfür mindestens dem Pflegegrad 2 zugeordnet sein und einen Anspruch auf Pflegeleistungen aus der sozialen Pflegeversicherung oder einer privaten Pflegepflichtversicherung haben.

Mindestumfang

Seit 01.01.2017 kommt die Rentenversicherungspflicht zustande, wenn die Mindestpflegezeit einer Pflegeperson zehn Stunden wöchentlich beträgt und diese regelmäßig an mindestens zwei Wochentagen eingebracht wird. Diese Mindeststundenzahl bzw. Mindestanzahl an Pflegetagen je Woche kann auch durch die Addition mehrerer Pflegetätigkeiten erreicht werden. Sollte dieser Mindestpflegeumfang bereits durch die Pflege bei einem Pflegebedürftigen erreicht werden, sind die weiteren Pflegetätigkeiten ebenfalls rentenversicherungspflichtig.

Bei der Feststellung der Pflegezeit sind die Zeiten der körperbezogenen Pflegemaßnahmen, die pflegerischen Betreuungsmaßnahmen und die Hilfen bei der Haushaltsführung zu berücksichtigen.

Während bis 2016 bereits die körperbezogenen Pflegemaßnahmen (Zeiten der grundpflegerischen Hilfeleistungen) und die Haushaltsführung zeitlich berücksichtigt wurden, können für die Zeit ab 01.01.2017 auch pflegerische Betreuungsleistungen berücksichtigt werden. Bei den pflegerischen Betreuungsleistungen handelt es sich um Tätigkeiten, die sich auf die Bereiche der kommunikativen und kognitiven Fähigkeiten, Gestaltung des Alltagslebens und sozialer Kontakte und Verhaltensweisen und psychischer Problemlagen beziehen.

Dauerhaftigkeit

Eine Pflegetätigkeit muss, um Versicherungspflicht zu begründen, dauerhaft angelegt sein. Dadurch möchte der Gesetzgeber vermeiden, dass bereits kurzfristige Pflegetätigkeiten, die z. B. im Rahmen einer

Verhinderungspflege/Ersatzpflege ausgeübt werden, sofort zu einer Rentenversicherungspflicht führen.

Die Dauerhaftigkeit einer Pflegetätigkeit ist dann gegeben, wenn diese auf mehr als zwei Monate bzw. 60 Kalendertage im Jahr – nicht Kalenderjahr – angelegt ist. Sind Pflegetätigkeiten für einen kürzeren Zeitraum angelegt, sind diese als vorübergehend bzw. gelegentlich einzustufen mit der Folge, dass auch bei Erfüllung aller sonstigen Anspruchsvoraussetzungen keine Rentenversicherungspflicht in der Pflegetätigkeit eintritt. Übt eine Pflegeperson mehrere Pflegetätigkeiten aus, muss jede einzelne Pflegetätigkeit die „Dauerhaftigkeit" erfüllen.

Die Beurteilung der Dauerhaftigkeit ist bei Aufnahme der Pflegetätigkeit zu beurteilen. Hierfür ist eine vorausschauende Betrachtungsweise erforderlich. Sollte die Dauerhaftigkeit im Rahmen der vorausschauenden Betrachtungsweise bejaht werden und stellt sich im Nachhinein die Beurteilung nicht als korrekt heraus, bleibt die Beurteilung für die Vergangenheit bestehen, wie dies bei Statusentscheidungen im Versicherungsrecht üblich ist.

Wird ein Pflegebedürftiger gepflegt, der sich grundsätzlich in einer vollstationären Einrichtung der Hilfe für behinderte Menschen befindet, kann die Dauerhaftigkeit der Pflege unterstellt werden, wenn dieser in den gesamten Ferienzeiten in die häusliche Umgebung zurückkehrt, da bei den gesamten Ferienzeiten von etwa zwölf Wochen auszugehen ist.

Pflegebedürftigkeit muss vorliegen

Damit eine Pflegetätigkeit rentenversicherungspflichtig werden kann, muss die gepflegte Person pflegebedürftig im Sinne der sozialen Pflegeversicherung sein. Dies ist dann der Fall, wenn mindestens der Pflegegrad 2 bestätigt wurde. Wird ein Pflegebedürftiger gepflegt, bei dem „nur" der Pflegegrad 1 (bedeutet: geringe Beeinträchtigungen der Selbstständigkeit und der Fähigkeiten) vorliegt, kann sich hieraus keine Rentenversicherungspflicht für die Pflegeperson ergeben.

Nicht erwerbstätige Pflegeperson

Von der Rentenversicherungspflicht werden durch § 3 Satz 1 Nr. 1a SGB VI nur ehrenamtliche Pflegepersonen erfasst. Das bedeutet, dass die Pflegetätigkeit nicht erwerbsmäßig durchgeführt werden darf. Dies ist grundsätzlich bei Familienangehörigen und Verwandten der Fall. Sollten andere Personen, z. B. Bekannte oder Nachbarn, die Pflege durchführen, gelten diese als nicht erwerbsmäßig, wenn sie für die Pflegetätigkeit nur eine finanzielle Anerkennung erhalten, die das Pflegegeld – entsprechend des Pflegegrades des Pflegebedürftigen – nicht überschreitet.

Ansonsten ist eine Unterscheidung einer nicht erwerbsmäßigen von einer erwerbsmäßigen Pflegetätigkeit nach denselben Abgrenzungskriterien vorzunehmen, wie dies entsprechend § 7 Abs. 1 SGB IV zur Abgrenzung einer familienhaften Mitarbeit oder ehrenamtlichen Betätigung und der Frage der Sozialversicherungspflicht erfolgt.

Erwerbsmäßig ist eine Pflege dann, wenn sie als Erwerb oder wie Erwerb nach ihrem objektiven Erscheinungsbild betrieben wird.

Ausschluss der Rentenversicherungspflicht

Sollten alle o. g. Voraussetzungen für die Rentenversicherungspflicht vorliegen, kann diese aufgrund gesetzlicher Ausschlusstatbestände dennoch nicht zustande kommen.

Durch § 3 Satz 3 SGB VI wird die Rentenversicherungspflicht einer Pflegeperson ausgeschlossen, wenn diese regelmäßig noch mehr als 30 Stunden wöchentlich beschäftigt oder selbstständig tätig ist. Die Regelmäßigkeit in diesem Sinne liegt vor, wenn die Beschäftigung bzw. selbstständige Tätigkeit auf mehr als zwei Monate angelegt ist.

Zudem sind Pflegepersonen nach § 5 Abs. 4 SGB VI auch dann nicht mehr rentenversicherungspflichtig, wenn diese die Regelaltersgrenze (Ablauf des Monats, in dem die Regelaltersgrenze erreicht wurde) überschritten haben und auch eine Altersvollrente beziehen.

Durch die Änderung durch das Flexirentengesetz (Gesetz zur Flexibilisierung des Übergangs vom Erwerbsleben in den Ruhestand) müssen ab 01.01.2017 beide Tatbestände für den Ausschluss der Rentenversicherungspflicht (Erreichen der Regelaltersgrenze und Bezug einer Altersvollrente) erfüllt sein. Die Regelaltersgrenze ist vom Geburtsjahrgang des Versicherten abhängig, da diese derzeit vom vollendeten 65. Lebensjahr auf das vollendete 67. Lebensjahr angehoben wird. Für Versicherte ab Geburtsjahrgang 1964 gilt die einheitliche Regelaltersgrenze vom vollendeten 67. Lebensjahr.

Die Rentenversicherungspflicht ist auch dann ausgeschlossen, wenn die Pflegeperson nach beamtenrechtlichen Vorschriften oder Grundsätzen, entsprechenden kirchenrechtlichen Regelungen oder nach den Regelungen einer berufsständischen Versorgungseinrichtung eine Versorgung nach Erreichen einer Altersgrenze in dem jeweiligen Alterssicherungssystem bezieht.

Ebenfalls ist die Rentenversicherungspflicht als Pflegeperson ausgeschlossen, wenn bis zum Erreichen der Regelaltersgrenze keine Versicherung bestand oder nach Erreichen der Regelaltersgrenze eine Beitragserstattung erfolgte. In diesem Zusammenhang ist jedoch anzumerken, dass die Rentenversicherungspflicht dann nicht ausgeschlossen ist, wenn bis zum Erreichen der Regelaltersgrenze Kindererziehungszeiten anerkannt wurden bzw. anzuerkennen sind. Analog gilt dies auch, wenn aufgrund einer geringfügigen Beschäftigung (Minijob) für die Pflegeperson Pauschalbeiträge geleistet wurden.

Beginn, Ende und Fortbestehen der Rentenversicherungspflicht

Beginn der Versicherungspflicht

Die Rentenversicherungspflicht tritt für eine Pflegeperson dann ein, wenn die im Gesetz genannten Voraussetzungen erfüllt sind. Das heißt, diese besteht unabhängig davon, ob eine Beitragszahlung durch die Pflegekasse erfolgt oder ob ein Antrag gestellt bzw. ein Fragebogen zur Beurteilung der Rentenversicherungspflicht ausgefüllt wird.

Für jugendliche Pflegepersonen kann die Rentenversicherungspflicht frühestens mit dem Tag nach Vollendung des 15. Lebensjahres – also ab dem 15. Geburtstag – beginnen.

Sollte durch eine Mitteilung einer Pflegeperson oder im Rahmen einer erneuten Pflegebegutachtung festgestellt werden, dass für eine Pflegeperson aufgrund der Änderung Rentenversicherungspflicht eintritt, beginnt diese mit dem Tag der Änderung der Verhältnisse. In der Praxis ist oftmals der konkrete Tag nicht feststellbar, an dem sich die Verhältnisse so geändert haben, dass sie zu einer Versicherungspflicht führten. Daher wird in diesen Fällen auf den Tag der Begutachtung bzw. auf den Tag der Mitteilung abgestellt.

Ende der Versicherungspflicht

Für die rentenversicherungspflichtigen Pflegepersonen endet die Versicherungspflicht grundsätzlich mit dem Tag, an dem eine Tatbestandsvoraussetzung, die zur Versicherungspflicht führte, entfällt. Dies gilt allerdings nur dann, wenn verfahrensrechtliche Gründe dem nicht entgegenstehen.

Folgende Fälle führen zum Wegfall der Rentenversicherungspflicht:

- Der Pflegebedürftige wird in eine vollstationäre Pflegeeinrichtung aufgenommen.
- Der Pflegebedürftige wird in den Pflegegrad 1 herabgestuft.
- Die Leistungen für den Pflegebedürftigen enden vollständig, da überhaupt keine Pflegebedürftigkeit mehr vorliegt (auch nicht mehr der Pflegegrad 1).
- Das Pflegegeld wird entzogen, weil der Beratungseinsatz nach § 37 Abs. 3 SGB XI nicht abgerufen wird.
- Eine weitere Pflegeperson tritt hinzu, sodass der Pflegeaufwand nicht mehr zehn Stunden wöchentlich, verteilt auf mindestens zwei Wochentage, erreicht.
- Die Pflegetätigkeit wird nicht mehr ausgeübt oder reduziert, sodass der Pflegeaufwand nicht mehr zehn Stunden wöchentlich, verteilt auf mindestens zwei Wochentage, erreicht.

Spätestens endet die Versicherungspflicht einer Pflegeperson mit dem Tod des Pflegebedürftigen. In diesem Fall ist ohne Bedeutung, dass das Pflegegeld grundsätzlich bis zum Monatsletzten des Sterbemonats weitergezahlt wird.

Fortbestehen der Versicherungspflicht

Beim Fortbestehen der Rentenversicherungspflicht als Pflegeperson muss unterschieden werden, weshalb die Unterbrechung der Pflegetätigkeit erfolgt. Je nach Konstellation führt die Unterbrechung der Pflegetätigkeit zu einem (vorübergehenden) Ende der Versicherungspflicht oder zu einem befristeten Fortbestehen.

Liegt der Grund der Unterbrechung in der Pflegeperson, wird die Rentenversicherungspflicht mit dem Tag der Unterbrechung beendet. Sollte jedoch die Pflege wegen Erholungsurlaub unterbrochen werden, besteht die Rentenversicherungspflicht für die Dauer von sechs Wochen (42 Tage) im Kalenderjahr fort.

Wird ein Pflegebedürftiger bei einem vorübergehenden Auslandsaufenthalt von der Pflegeperson weiter gepflegt, besteht auch die Rentenversicherungspflicht der Pflegeperson für die Dauer von bis zu sechs Wochen weiter. Erfolgt eine längere Pflegegeldzahlung aufgrund eines Aufenthalts im EU-Ausland oder in der Schweiz, besteht auch die Rentenversicherungspflicht für die (länger als sechs Wochen andauernde) Pflegegeldzahlung weiter.

Liegt der Grund der Unterbrechung beim Pflegebedürftigen, endet die Rentenversicherungspflicht der Pflegeperson grundsätzlich mit dem Tag der Unterbrechung. Jedoch besteht die Rentenversicherungspflicht für die Dauer der häuslichen Krankenpflege weiter; bei einer stationären Krankenhausbehandlung und einer Rehabilitationsmaßnahme des Pflegebedürftigen besteht die Rentenversicherungspflicht für die Pflegeperson für die Dauer von vier Wochen (28 Tage) weiter.

Höhe der Beiträge

Wurde von der zuständigen Pflegekasse festgestellt, dass aufgrund einer nicht erwerbsmäßigen Pflegetätigkeit Rentenversicherungspflicht besteht, ist die Höhe der Beiträge festzusetzen. Zuständig für die Beitragszahlung ist immer die Pflegekasse, bei der der Pflegebedürftige versichert ist.

Die Höhe der Beiträge ergibt sich durch Multiplikation der Bemessungsgrundlage mit dem allgemeinen Beitragssatz der Rentenversicherung. Die Bemessungsgrundlage wiederum ist in § 166 Abs. 2 SGB VI definiert. Danach wird die Bemessungsgrundlage nach dem Pflegegrad des Pflegebedürftigen und den Leistungen, die dieser tatsächlich in Anspruch nimmt, differenziert.

In folgender Tabelle ist ersichtlich, wie die Bemessungsgrundlage für die Beitragsberechnung ermittelt wird:

Monatliche Beitragsbemessungsgrundlage in Prozent der Bezugsgröße			
	Pflegegeld	Kombinationsleistung	Pflegesachleistung
Pflegegrad 2	27	22,95	18,9
Pflegegrad 3	43	36,55	30,1
Pflegegrad 4	70	59,5	49
Pflegegrad 5	100	85	70

Dadurch, dass die Bemessungsgrundlage nach einem Prozentsatz der jeweils geltenden Bezugsgröße berechnet wird, wird diese jährlich anhand der Einkommensentwicklung angepasst.

Bemessungsgrundlage im Kalenderjahr 2025

Die Bemessungsgrundlage orientiert sich immer nach der Pflegeleistung, die der Pflegebedürftige tatsächlich bezieht. In diesem Fall ist beispielsweise irrelevant, welche Leistung zunächst beantragt oder bewilligt wurde. 2025 beläuft sich die monatliche Bezugsgröße in Deutschland auf 3.745,00 Euro (seit 01.012025 nur noch eine einheitliche bundesweite Bezugsgröße). Hieraus errechnen sich folgende Beitragsbemessungsgrundlagen für die einzelnen Pflegegrade und Leistungsarten.

Monatliche Beiträge zur Rentenversicherung 2025

Pflegegrad	**Leistungsart**	**beitragspflichtige Einnahmen**	**Beitrag**
2	Pflegegeld	954,45 Euro	177,58 Euro
2	Kombinationsleistung	811,28 Euro	150,90 Euro

Pflegegrad	Leistungsart	beitragspflichtige Einnahmen	Beitrag
2	Pflegesachleistung	668,12 Euro	124,27 Euro
3	Pflegegeld	1.520,05 Euro	282,73 Euro
3	Kombinationsleistung	1.292,04 Euro	240,32 Euro
3	Pflegesachleistung	1.064,04 Euro	197,91 Euro
4	Pflegegeld	2.474,50 Euro	460,26 Euro
4	Kombinationsleistung	2.103,33 Euro	391,22 Euro
4	Pflegesachleistung	1.732,15 Euro	322,18 Euro
5	Pflegegeld	3.535,00 Euro	657,51 Euro
5	Kombinationsleistung	3.004,75 Euro	558,88 Euro
5	Pflegesachleistung	2.474,50 Euro	460,26 Euro

Bemessungsgrundlage bei Mehrfachpflege

Um eine Mehrfachpflege handelt es sich, wenn ein Pflegebedürftiger von mehreren Pflegepersonen gepflegt wird. In diesem Fall wird die Bemessungsgrundlage entsprechend dem Gesamtpflegeaufwand auf die Pflegepersonen aufgeteilt.

Beispiel:

Ein Pflegebedürftiger wird von zwei Pflegepersonen gepflegt. Es wurde der Pflegegrad 3 bestätigt; der Pflegebedürftige bezieht die Leistung „Pflegegeld“.

Pflegeperson A pflegt den Pflegebedürftigen 16 Stunden wöchentlich, Pflegeperson B pflegt ihn 13 Stunden wöchentlich.

Beide Pflegepersonen pflegen damit mehr als zehn Stunden wöchentlich, verteilt auf mindestens zwei Wochentage. Da keine Ausschlussgründe für

die Versicherungspflicht vorliegen, sind beide Pflegeperson rentenversicherungspflichtig.
Konsequenz: Für die Pflege des Pflegebedürftigen werden die Beiträge aus (insgesamt) 43 Prozent der Bezugsgröße berechnet. Da der Pflegebedürftige von beiden Pflegepersonen insgesamt 29 Stunden gepflegt wird, wird die Bemessungsgrundlage wie folgt berechnet:
Pflegeperson A: 43 Prozent der Bezugsgröße x 16 Stunden / 29 Stunden = 23,72 Prozent der Bezugsgröße
Pflegeperson B: 43 Prozent der Bezugsgröße x 13 Stunden / 29 Stunden = 19,28 Prozent der Bezugsgröße
Im Jahr 2024 beträgt die monatliche Bezugsgröße 3.535,00 Euro. Damit werden für die Pflegeperson A monatliche Rentenversicherungsbeiträge aus einer Bemessungsgrundlage von (3.535,00 Euro x 23,72 Prozent) 838,50 Euro und bei Pflegeperson B aus (3.535,00 Euro x 19,28 Prozent) 681,55 Euro geleistet.

Beim Gesamtaufwand der Pflege für einen Pflegebedürftigen werden die Zeitanteile aller nicht erwerbsmäßig tätigen Pflegepersonen berücksichtigt. Dies gilt auch dann, wenn eine Pflegeperson nicht von der Rentenversicherungspflicht erfasst wird, weil diese beispielsweise unter zehn Stunden wöchentlich pflegt oder mehr als 30 Stunden wöchentlich erwerbstätig ist.

Bemessungsgrundlage bei Additionspflege

Um eine Additionspflege handelt es sich, wenn eine Pflegeperson mehrere Pflegebedürftige pflegt. In diesem Fall wird die Bemessungsgrundlage für die Berechnung der Rentenversicherungsbeiträge nach dem Pflegegrad und der bezogenen Pflegeleistung des jeweiligen Pflegebedürftigen berechnet. Ggf. muss die dann für die Pflegetätigkeit bei einem Pflegebedürftigen ermittelte Bemessungsgrundlage noch aufgeteilt werden, wenn hier noch eine Mehrfachpflege berücksichtigt werden muss (der Pflegebedürftige also noch von einer weiteren Pflegeperson gepflegt wird).

Beispiel:

Eine Pflegeperson pflegt Pflegebedürftigen A wöchentlich sieben Stunden, verteilt auf mindestens zwei Wochentage. Für den Pflegebedürftigen A wurde der Pflegegrad 3 betätigt; es wird ausschließlich Pflegegeld bezogen.
Zusätzlich wird der Pflegebedürftige B wöchentlich fünf Stunden gepflegt. Für den Pflegebedürftigen B wurde der Pflegegrad 2 bestätigt; es wird die Kombinationsleistung (Kombination von Pflegesachleistung und Pflegegeld) bezogen. Der Pflegebedürftige B wird noch von einer weiteren Pflegeperson wöchentlich acht Stunden gepflegt.
Konsequenz: Insgesamt ist die erstgenannte Pflegeperson rentenversicherungspflichtig, da in der Addition beider Pflegetätigkeiten zehn Stunden wöchentlich überschritten werden und die Pflege an mindestens zwei Wochentagen erfolgt.
Für die Pflege beim Pflegebedürftigen A kommt es zu einer Zahlung von Rentenversicherungsbeiträgen aus 43 Prozent der Bezugsgröße (2024: 1.520,05 Euro).
Für die Pflege bei Pflegebedürftigen B kommt es zu einer Zahlung von Rentenversicherungsbeiträgen aus 22,95 Prozent der Bezugsgröße (2024: 811,28 Euro).
Da beim Pflegebedürftigen B allerdings noch eine weitere Pflegeperson involviert ist, muss dessen Bemessungsgrundlage (siehe oben: Mehrfachpflege) anteilig aufgeteilt werden. Dadurch reduziert sich der zur Berechnung der Rentenversicherungsbeiträge herangezogene Prozentanteil auf 8,83 (22,95 Prozent x 5 Stunden : 13 Stunden).

Leistungsansprüche

Pflegende versicherte Menschen haben im Prinzip die gleichen Leistungsansprüche aus der gesetzlichen Rentenversicherung wie versicherte Arbeitnehmer:

- Regelaltersrenten
- Altersrenten für langjährige Versicherte
- Altersrenten ab Vollendung des 63. Lebensjahres ohne Abzug
- Altersrenten für schwerbehinderte Menschen

- Altersrenten wegen Arbeitslosigkeit
- Renten wegen Erwerbsminderung
- Renten von Todes wegen (Witwer-, Witwen-, Waisen-, oder Erziehungsrenten)
- Leistungen für Kindererziehung
- Leistungen aus Höheversicherungsbeiträgen
- Krankenversicherung der Rentner
- Finanzausgleichszahlungen
- Kosten des Sozialmedizinischen Dienstes

Arbeitslosenversicherung

Zum 01.01.2017 wurde die Freiwilligkeit durch eine Versicherungspflicht für Pflegepersonen in der Arbeitslosenversicherung ersetzt. Diese tritt aber nur dann ein, wenn unmittelbar vor Beginn der Pflegetätigkeit Arbeitslosenversicherungspflicht bestand oder die Pflegeperson Anspruch auf eine laufende Entgeltersatzleistung, in erster Linie Arbeitslosengeld nach dem SGB III, hatte.

Kurzfristige Unterbrechung nicht schädlich

Unmittelbar bedeutet nicht den taggenauen Anschluss der Pflegetätigkeit an die vorausgegangene Versicherungspflicht oder den Leistungsbezug. Auch bei einer kurzen Unterbrechung von nicht mehr als einem Monat ist die Pflegetätigkeit in der Arbeitslosenversicherung versicherungspflichtig.

Mindestzeitaufwand für die Pflege erforderlich

Aber nicht jede geringe ehrenamtliche Pflege eines Pflegebedürftigen führt zur Arbeitslosenversicherungspflicht. Voraussetzung ist, dass der Pflegebedürftige wenigstens dem Pflegegrad 2 zugeordnet ist, er Leistungen der Pflegeversicherung oder Hilfe zur Pflege nach dem Sozialhilferecht bezieht und der Zeitaufwand für die Pflege mindestens zehn Stunden pro Woche ausmacht. Zusätzlich muss die Pflegetätigkeit auf regelmäßig mindestens zwei Tage in der Woche verteilt sein. Diese Voraussetzungen können auch dadurch erfüllt werden, dass die Pflegeperson mehrere Pflegebedürftige (z. B. beide pflegebedürftigen

Elternteile) mit mindestens Pflegegrad 2 pflegt. Teilen sich mehrere Pflegepersonen die Pflege eines Pflegebedürftigen, so wird der individuelle zeitliche Pflegeanteil jeder Pflegeperson nach deren Angaben festgestellt und danach die Arbeitslosenversicherungspflicht beurteilt.

Ob die pflegerischen Voraussetzungen für den Eintritt von Arbeitslosenversicherungspflicht erfüllt sind, stellt der MD fest. Dieser stützt sich dabei auch auf die plausiblen Angaben der Pflegeperson(en).

Nachrangigkeit der Versicherungspflicht

Sind alle Voraussetzungen für die Arbeitslosenversicherungspflicht erfüllt, tritt diese trotzdem nicht ein, sofern die Pflegeperson bereits anderweitig arbeitslosenversicherungspflichtig ist. Wird zum Beispiel neben der ehrenamtlichen Pflege noch eine versicherungspflichtige Beschäftigung ausgeübt, ist dieser Versicherungsschutz vorrangig. Das Gleiche gilt, wenn während der Pflege ein Anspruch auf eine Entgeltersatzleistung der Arbeitslosenversicherung, wie z. B. Arbeitslosengeld I, besteht.

Besitzstandsregelung

Eine Besitzstandsregelung gilt für alle Personen, für die am 31.12.2016 wegen der Pflegetätigkeit in der Arbeitslosenversicherung ein Versicherungsverhältnis auf Antrag bestand. Solange diese Pflegetätigkeit fortgesetzt wird, besteht auch die Arbeitslosenversicherungspflicht fort, ab 01.01.2017 nach der neuen rechtlichen Grundlage.

Wer zahlt die Beiträge für Pflegepersonen?

Für alle Pflegepersonen, die in der Arbeitslosenversicherung seit 01.01.2017 versicherungspflichtig sind, gilt eine einheitliche Bemessungsgrundlage für die Beiträge. Diese beträgt 50 Prozent der monatlichen Bezugsgröße (1.767,50 Euro/West bzw. 1.732,50 Euro/Ost). Die Pflegepersonen sind am Beitragsaufkommen nicht beteiligt. Die Beiträge werden von den Leistungsträgern, also den Pflegekassen oder privaten Pflegeversicherungsunternehmen, getragen.

Leistungsansprüche bringen finanziellen Schutz vor Arbeitslosigkeit

Die neue Versicherungspflicht bringt für alle betroffenen Pflegepersonen für den Fall, dass im Anschluss an die ehrenamtliche Pflegetätigkeit kein sofortiger Wiedereinstieg in einen neuen Job gelingt, einen Anspruch auf Arbeitslosengeld und Zugang zu allen Leistungen der aktiven Arbeitsförderung.

Die Pflegepersonen haben Anspruch auf

- Entgeltersatzleistungen (z. B. Arbeitslosengeld I, Übergangsgeld, Kurzarbeitergeld) sowie
- Leistungen der aktiven Arbeitsförderung (z. B. Beratung, Vermittlung, berufliche Weiterbildung, Eingliederungsmaßnahmen).

Über die Einzahlung in die Arbeitslosenversicherung ist gewährleistet, dass diese Leistungen vom Versicherten abgerufen werden können und die Pflegepersonen ihre Anwartschaften bzw. Wartezeiten nicht verlieren.

Stichwortverzeichnis